U0030522

鬼滅之刃

以真實史料全方位解讀
《鬼滅》筆下的歷史與文化

鬼滅の刃をもっと楽しむための大正時代便覧

大正摩登同人會——著　王書銘——譯

前言 PROLOGUE

《鬼滅之刃》的故事與魅力

《鬼滅之刃》是在日本《週刊少年 JUMP》雜誌中連載的漫畫作品。

這部作品以簡潔有力的故事情節、極富魅力的人物奮鬥樣貌博得好評。除了受到該漫畫雜誌主力的少年讀者追捧，在其他年齡層也擄獲了許多支持者。到二〇二〇年三月為止，漫畫單行本已出版到第十九集，同時間，動畫影集、電影劇場版也紛紛問世或在製作中，可謂勢如破竹，久久不見其衰。

這樣極富魅力的作品，故事舞台正是日本的大正時代。

善良少年竈門炭治郎，原本和家人一起生活在深山中，嫻靜的日常卻因被鬼襲擊而戛然中止。家人都在他外出離家的時候遭到殘殺，唯一倖存的妹妹禰豆子也沾染了鬼血，而變了樣貌。

炭治郎在獵鬼青年富岡義勇的引導下，加入了神祕的獵鬼集團「鬼殺隊」，前前後後幾經慘烈戰鬥，仍不停追尋殺害家人的仇敵，也就是把禰豆子變成鬼的始作俑者——鬼舞辻無慘。

鬼殺隊的同伴是支持炭治郎得以繼續前進的力量。平時懦弱卻總能在失去意識後發揮超常威力的我妻善逸、戴著山豬頭的野孩子嘴平伊之助、沉穩性格下暗藏善良堅毅的栗花落香奈乎；作品中除了這些同期的少年少女，還有被稱為「柱」的幾名菁英劍士，人物一字排開，相當精彩。

即便擁有超乎常人的肉體能力，也懂得運用特殊的呼吸法進行戰鬥，鬼殺隊隊員在面對擁有不死之身的鬼時，依舊常陷入苦戰。人類的肉身實在太過脆弱，一旦丟失性命，便再也找不回來了。

故事中的人物雖然背負著深沉的悲慟，卻不向命運屈服，彷彿在說著，唯有承認自己的脆弱無力，依然繼續向前邁進，才是真正的強大；即便性命將盡，也要將希望、信念託付給下個世代。這樣的想法，可以說正是《鬼滅之刃》最大的魅力所在。

本書會以《鬼滅》故事的背景——大正時代的歷史事件為起點，從當時人們的實際生活狀況、「和洋折衷」的獨特文化及技術等諸多層面，勾勒出《鬼滅》的鮮明樣貌。不過話說回來，歷史事件的由來原本便有許多不同的說法，而本書介紹的內容也不過是裡面的其中之一而已，還請了解這一點。

希望能藉由這本書，幫助各位理解炭治郎與他的夥伴們奔走的時空；回頭再看《鬼滅之刃》，相信也能獲得更多樂趣。

第五章 **大正時代的居住**

第一章

什麼是大正時代

《鬼滅之刃》的舞台是個什麼樣的時代？
本章將搭配年表來解說大正這個自由、平等概念萌芽的時代與各個重要事件。

大正時代概說

《鬼滅之刃》為何選擇大正時代作為故事背景？

大正時代被《鬼滅之刃》選為時代背景，不知道大家對這個日本時代有什麼印象？

在大正時代之前，是長達兩百六十五年的江戶幕府倒台後，急速蛻變為近代國家的明治時代；而在大正時代之後，是從二次大戰後的廢墟中孕育出高度經濟成長的昭和時代。夾在這兩個劇變的大時代之間，你是否感覺大正時代是個沒什麼存在感、百無聊賴的時代呢？

其實絕非如此，放眼近代日本史，大正時代在

大正時代年表　＊白底為國際重要事件

明治45年（1912）

7月　明治天皇駕崩
　　改年號明治為大正

大正元年（1912）

8月　手動式吸塵器開始發售
　　計程車公司開始營業

9月　霍亂大流行
　　唱片公司「日清蓄音器」創立
　　四家公司合併成立「日本活動寫真」電影公司

許多面向都有著非常重要的地位。如果深入認識大正這個時代，相信就能理解《鬼滅之刃》作者為何選擇這個時代作為故事背景。

團結起來使權力屈服的時代

講到大正時代，就不能不提「大正民主運動」。

大正三年（一九一四年），第一次世界大戰爆發，為日本帶來大量的軍事物資需求。由造船業和鋼鐵業領頭，日本的貿易輸出大幅成長，市場景氣熱絡。日本經濟固然因為這場戰爭獲得急速發展，但這並不代表日本全體國民都不虞匱乏。事實上，唯有少數掌握權力的資本家嘗到甜頭，大多數人普遍仍受到壓抑，生活困苦。就在這個時候，一些人

大型颱風貫穿東日本地區，造成一百五十餘人死亡
10月 警視廳禁止電影《吉格瑪》[1]上映
12月 一分鐘快速照相於三越百貨問世

大正2年（1913）

1月 憲政擁護連合大會舉辦
2月 森鷗外受皇室任命為宮中御用人員
桂太郎內閣總辭
山本權兵衛內閣成立
東京神田書店街大火，兩千一百戶燒毀
4月 上野精養軒舉辦「喵喵貓展覽會」
6月 森永製菓的牛奶糖上市
陸軍省發表日本全國汽車總數為四百六十二台
8月 東海道鐵道本線全線複線化
11月 德川慶喜歿

開始行動，主張打破不平等、廣納各方意見並改善人民生活，這就是「大正民主運動」。

當時，資本家對勞工的剝削相當嚴重，就算生病也無法請假休息。於是大正九年（一九二〇）五月二日，上萬名勞工聚集在東京上野公園，召開了日本第一次的勞工大會，並提出「實施八小時勞動制」、「防止失業」、「制定最低薪資法」等訴求。

另一方面，當時絕大多數的農民都是跟地主租借土地栽種的佃農，佃租沉重，過著悲慘的生活。像是在呼應勞工似的，在勞工大會之後，大正十一年（一九二二年）便成立了農民運動的全國性組織「日本農民組合」。

而繼勞工運動與農民運動之後，接著輪到女性挺身而出。在當時，女性因性別而沒有政治發言

大正3年（1914）

1月 櫻島火山爆發
2月 召開內閣彈劾國民大會
3月 東京車站新建落成
4月 寶塚少女歌劇（現寶塚歌劇團）第一次公演
6月 出版社平凡社成立
7月 第一次世界大戰爆發
8月 大日本帝國向德國宣戰
10月 三越吳服店改裝開店
11月 雜誌《少年俱樂部》創刊（大日本雄辯會出版，現講談社）
東京車站正式啟用
12月 伊藤忠合名會社成立

大正4年（1915）

1月 日本對中華民國北洋政府提出「二十一條要求」[2]
2月 美國推出史上首部長篇電影作品《一個國家的誕生》（*The Birth of Nation*）
7月 內務省下令於東京、大阪、神戶設置肺結核療養所

權，只能服從於男性。因此女性也開始發聲，各地的「婦女運動」如雨後春筍般出現。

更有飽受江戶時代身分制度遺毒戕害、歧視的受害者，發起「部落解放運動」，於大正十一年（一九二二年）成立「全國水平社」。

在這樣的社會氛圍下，「普選運動」終於應運而生。在當時，只有繳納一定稅金的男性才有選舉權，而有投票權的幾乎都是地主和資本家。雖說政務首長的確是透過選舉產生，但由這些人選出的人來施行政治，推行的政策當然不可能平等，因此人民開始要求實施普通選舉。普選運動遍地開花，直到政府再也無法壓抑人民的不滿情緒，終於在大正十四年（一九二五年）頒布了普通選舉法，從此所有二十五歲以上的男性都獲得了選舉權（遺憾的是，

8月　橫濱車站新建落成
11月　東京車站飯店開業
大正天皇即位典禮
12月　日本近代醫學之父北里柴三郎開設北里研究所

大正5年（1916）
10月　寺內正毅內閣成立
東京菓子（現明治製菓）成立
11月　日本精工成立
12月　拉斯普丁[3]於俄羅斯遭到暗殺

大正6年（1917）
2月　神戶衛生實驗所（現表飛鳴製藥）成立
3月　俄國革命
理化學研究所設立
4月　美國對德國宣戰
5月　東洋陶器（現 TOTO）成立
7月　日本光學工業株式會社（現 NIKON）成立

日本女性還要等到很久以後才有選舉權）。

大正時代就在立場各異的諸多族群先後挺身而出之下，為日後平等的社會打下基礎。

女性紛紛踏入社會發光發熱的時代

在大正民主運動這樣的背景下，尊重個人、重視自由蔚成風氣，成為滋養大正時代多樣思想和文化的豐富底蘊。

此時又以女性的社會角色特別受到矚目。隨著職業婦女踏入社會、女學生人數增加，各式各樣的女性文化誕生了，例如：寶塚少女歌劇團、少女雜誌、洋裝、化妝品、咖啡廳等。其中，流行時尚、出版文化兩部分的發展最為耀眼，以至於大正末期出現了「摩

9月　日本煉乳株式會社（現森永乳業）成立

12月　極東練乳株式會社（現明治乳業）成立

大正7年（1918）

1月　美國發表十四點和平原則
　　並木製作所（現 Pilot 文具股份有限公司）成立

3月　松下幸之助於大阪市成立松下電氣器具製作所（現 Panasonic）

4月　東京女子大學創校

7月　兒童雜誌《赤鳥》創刊
　　米價大暴漲（一九一八年米騷動）

9月　原敬內閣成立

11月　第一次大戰結束

大正8年（1919）

1月　蘇維埃社會主義共和國成立
　　巴黎和會

登女孩」一詞，簡稱「摩女」。她們身穿洋裝，剪短髮，畫眉毛，貼假痣，修指甲，樣樣都走在流行尖端。

昭和以後，這些文化就凝結成一個甘甜醇美的名詞——「大正浪漫」。

像禰豆子等，《鬼滅之刃》也有許多女性要角，這點也可說是恰恰反映了大正這個時代。看這些美少女加入鬼殺隊發光發熱，一點也不輸男子，相信不少女性讀者都看得相當過癮。

我們可以說，《鬼滅之刃》是個絕不屈服於單方面的暴力壓制，齊心合力終於戰勝鬼的故事；而大正時代正好有許多尋常勞工、農民和女性挺身而出，一致團結爭取，進而獲得自己的理想。這樣比較下來，《鬼滅之刃》選擇有這樣風氣的時代作為舞台，確實為故事增添了一份光彩。

3月 朝鮮發起三一獨立運動
4月 印度甘地發起非暴力不合作運動
6月 德國簽署凡爾賽條約
7月 可爾必思上市
8月 德國制定威瑪憲法
11月 食品工業株式會社（現 Kewpie）成立

大正9年（1920）

1月 大日本帝國正式加入國際聯盟
東洋工業（現 Mazda）成立
2月 日立製作所成立
慶應義塾大學、早稻田大學獲准成立
東京普通選舉示威遊行
3月 日本股價暴跌，戰後恐慌
鈴木式織機（現 Suzuki）成立
平塚雷鳥、市川房枝等人組成新婦人協會

《鬼滅之刃》與大正民主運動的連結

在此且讓我們試著檢視《鬼滅之刃》的故事，與為期僅十四年五個月的大正時代之間，有什麼樣的連結。首先，讓我們來推敲第一話的時間點。原作在單行本的劇情概要裡明確寫到「時為大正」。而在藤襲山最終選拔中出現的手鬼說過：「我絕不可能忘記四十七年前的事。那時那傢伙還在當獵鬼人，是在江戶時代的慶應年間。」。慶應是一八六五年到一八六八年，若採信手鬼的說法，那麼最終選拔便是發生在大正元年到四年（一九一二年～一九一五年）這段期間。

最終選拔是在竈門家遇襲的兩年後，所以說第一話便是大正元年或大正二年（一九一三年）。另外，

4月　明治大學、法政大學、中央大學、日本大學、國學院大學、同志社大學獲准成立
5月　第一屆勞工大會舉辦（東京上野公園）
10月　實施日本首次國勢調查

大正10年（1921）

1月　三菱電機設立
2月　普羅文學雜誌《種蒔人》創刊
4月　日本第一個消費合作社成立
7月　上海召開中國共產黨創立大會
11月　原敬暗殺事件
　　　高橋是清內閣成立

大正11年（1922）

1月　大隈重信國民葬舉辦
2月　江崎固力果成立，固力果菓子發售
3月　全國水平社成立

炭治郎曾在竈門家遇襲前說過：「我想讓大家在過年時吃飽一點。」所以第一話應該是落在陰曆正月，亦即陽曆二月上旬。而大正元年始於一九一二年七月三十日，也就是說，第一話的時間點必然為大正二年。

那麼，大正二年實際上發生了什麼事呢？此時恰逢民主運動興起時期，「打破閥族，擁護憲政」的護憲運動正在全日本擴散。不堪日俄戰爭以來沉重賦稅負荷的商人和一般民眾紛紛加入，終於在大正二年二月十日演變成數萬群眾包圍議會的抗議事件，進而迫使當時的桂內閣於翌日二月十一日內閣總辭。

這是民眾透過直接行動迫使日本內閣總辭的首例，也讓人預感到民主政治即將抬頭。換句話說，《鬼滅之刃》的故事便與這個觸發大正民主運動的關鍵歷史事件同時發生。

6月 加藤友三郎內閣成立
7月 日本共產黨成立
8月 小學館成立
11月 發現圖坦卡門墓
12月 蘇維埃社會主義共和國聯邦誕生

大正12年（1923）

6月 第一屆利曼二十四小時耐力賽
8月 加藤友三郎內閣總辭
天皇命令山本權兵衛組閣
華特迪士尼成立
9月 關東大地震
12月 第二次山本內閣總辭

大正13年（1924）

6月 加藤高明內閣成立
7月 日本採用公制度量衡
8月 甲子園球場完工
10月 明治神宮外苑競技場完工

1 譯注：《吉格瑪》（Zigomar）是由法國作家Jean Eugène Léon Sazie創作的怪盜小說改編成的電影，在日本大受歡迎，日本政府卻以恐對孩童有不良影響而禁止電影上映。

2 譯注：日本駐中國公使日置益繞過外交部長，直接向中華民國大總統袁世凱提出二十一條要求，主要要求接收山東省內舊德國的權利，並擴展築路權、定居權和通商權。

3 譯注：拉斯普丁（Grigori Rasputin；一八六九年～一九一六），又譯拉斯普欽或拉斯普廷，帝俄時代尼古拉二世時的神祕主義者，被認為是東正教中的聖愚之流。因醜聞百出而引起公憤，為尤蘇波夫親王、狄密翠大公、普利希克維奇議員等人合謀刺死。俄羅斯歷史學家對拉斯普丁的評價以負面結論為多。蘇聯史學家認為他是「罪惡的沙皇政權」的代表，歐美的歷史學家也大多認同此評價。

4 譯注：為防止日本國內共產主義革命運動激化所制定的法律。一九三〇年以後，即使左翼運動轉趨沉寂，仍被援用來打擊右翼組織、新興宗教、民主主義者和自由主義者等運動。

5 譯注：日本政府為運用電影驚人的社會影響力推動國策，所制定的法規。

大正14年（1925）

1月 締結日蘇基本條約

娛樂雜誌《King》創刊

3月 NHK播送開始（廣播）

4月 制定治安維持法[4]

5月 頒布活動寫真影片檢閱規則[5]

松屋銀座店開張

制定普通選舉法

11月 山手線開始環狀運轉

大正15年（1926）

1月 若槻礼次郎內閣成立

8月 日本放送協會設立

12月 日本相撲協會設立

大正天皇駕崩

改元昭和

從登場人物看時代背景

炭治郎、鬼殺隊甚至無慘等鬼族們在大正之世燃燒生命之際，所思所想究竟為何？本章試圖從時代背景來窺知一二。

竈門炭治郎：製炭的歷史與需求

炭治郎在尚未加入鬼殺隊以前，本是個「賣炭郎」，跟家人過著「雖不輕鬆卻幸福」的生活。就炭治郎本身而言，只要不曾發生那起事件，他很可能終其一生都會從事燒炭匠（木炭生產從業者）的工作。在杜訓練期間，同伴稱讚炭治郎的烤飯糰和烤魚美味可口，炭治郎驕傲地說：「因為我是賣炭家的兒子，料理最重要的就是火候！」由此可見他已經是名具備相當程度技能的製炭者了。

木炭由來已久，日本從新石器時代便已經有使用木炭的跡象，不過人們在日常生活中頻繁使用到木炭，則要到江戶時代以後；而且當時木炭價格仍然非常昂貴，只有江戶城、大名[1]之家、富裕商家甚至遊廓、料亭等才用得起。木炭要普及到一般庶民，則要到明治時代、日本近代化以後了。像《鬼滅》第一話那樣背著竹籃下山賣炭，木炭如此貼近生活，應該始於炭治郎的祖父那一輩。

現代人或許沒什麼機會去認知木炭是「生活必需品」，可是在距今約莫六十年前，也就是日本進入高度經濟成長期以前，無論是烹調、暖氣，人們的生活都離不開木炭，購買木炭的開銷在生活費用中一直占有相當高的比例。

除此之外，「賣炭」一詞在日本俳句中，是象徵冬天的季節語，意味著初冬時節，住在山上的居民下山來到村莊兜售自製木炭；而從黝黑的面孔，就可以判斷誰是賣炭郎。這些隱藏的文化意涵，都確實呈現在第一話炭治郎與家人的對話，以及大雪紛飛的場景中。

再說到男主角的家世，竈門家是代代「從事火相關的工作」，以製炭為專職，也就是說製炭並非他們務農之餘的副業。這點透過作品中各種細節的烘托，都讓讀者了然於胸，例如「竈門」[2]這個姓氏、祖先炭吉的言談，以及最重要的，竈門家代代傳承祭祀神明的神樂[3]「火之神神樂」。

順帶一提，我們從描繪竈門家的畫面中，並沒有看到大眾比較熟悉的燒陶的那種磚窯。其實在近世初期（江戶時代）以前，人們並不會使用窯燒法來燒製木炭。因此，我們可以推測竈門家用的應該是比較簡單的開放式「堆燒法」，也就是在地上挖洞堆放炭材，點火後蓋上生柴，待整體燒熱升溫，再填土悶製一段時間，最後就能將做好的木炭挖掘出土。

現代人聽了或許會覺得意外，但跟作為生活用燃料相比，木炭作為製造武器必需的物資反而更為重要。

製作武器刀劍必須用到鐵，而打造刀劍的職人就是所謂的「鍛刀師」。鍛刀師無論是冶煉或是鍛造作業，都需要能維持長時間高溫、穩定火力的木炭。尤其自從戰國時代鐵炮傳入種子島以來，更需要大量木炭來促成鐵炮的量產。如果是單純燃料用途，尋常薪柴便綽綽有餘，木炭之所以能持續發展，形成一門獨立產業，跟許多技術一樣，都是因為其軍事用途的背景使然。

日本傳承千餘年的傳統製鐵法中，有種「踏鞴製鐵法」，根據經典《鐵山祕書》記載：「一曰粉鐵（鐵砂），二曰木山（木炭），三曰元釜土。」這段話在說明冶鐵最重要的三件事，我們就可以知道木炭的重要性僅次於鐵砂。即使鐵砂品質良好，如果木炭品質不佳便無法產出鐵材；相反就算鐵砂品質不怎麼樣，只要木炭夠好同樣能夠採得鐵材。

再說到鬼殺隊獵鬼使用的日輪刀，不是光只有原料「猩猩緋鐵砂」、「猩猩緋礦石」就好；有了原料，還要有好的鍛刀師、優質木炭的火力，才能打造出強大的日輪刀。作品中有個經典場景，就是打造炭治郎用刀的鍛刀師鋼鐵塚螢在研磨刀刃時心神極度集中，甚至遭上弦之伍玉壺砍殺也毫無察覺。與此同時。作者還畫出了小屋裡面堆著大量木炭，料想這些應該都是來自著名產地的名牌木炭。

了解「刀」和「木炭」的關係如此密不可分之後，我們再回頭去看鋼鐵塚螢初次見到炭治郎的場景，就不難理解為何他會高興地說：「啊啊，你不就是『赫灼』之子嗎？真是個吉祥之兆。」從「竈門」這個姓氏就可以知道，炭治郎這名隊員是從事火相關工作家庭的孩子。如果那孩子「頭髮和眼珠都是紅色的」，刀也許會變成紅色……身為一名鍛刀師，會如此絮絮叨叨可以說理所當然；至於看到刀變成黑色而大受打擊，當然也是意料之中……（對炭治郎來說，被一個初次見面、戴著火男面具的三十七歲男性沒頭沒腦寄予期待，之後又被罵道：「我還以為能見到鮮紅色的刀，氣死我了。」還要被海扁一頓，還真是個災難……）

從時代背景等面向來看，「賣炭郎」炭治郎的生活絕對稱不上富裕，但後來過著與日輪刀為伍的生活，可以說是某種程度上的必然。

1 編按：「大名」在日本不同時代，有不同的意思，但基本上為領主之意。在江戶時代，大名是指由將軍直屬、領奉一萬石以上的領主。當時全日本有超過兩百七十家大名。

2 編按：「竈」讀作「灶」，爐灶之意。

3 編按：「神樂」是指日本神社祭祀神明時的歌舞。神樂的樣式在平安時代中期完成，與《鬼滅》中火之神神樂起於平安時代的設定不謀而合。

栗花落香奈乎：大正時代的人口販賣

《鬼滅》中有許多篇幅描述到和諧緊密的家族關係，而不受血親疼愛、擁有悲慘過去的角色，到二〇二〇年三月為止僅有四人而已。

這四人便是被當成活祭品養育的伊黑小芭內、因訓練而死了七個姊弟的宇髓天元、襁褓時連姓名都沒有就被遺棄的我妻善逸，最後就是被家人賣掉的栗花落香奈乎。

其中，香奈乎雙親對孩童毫無意義的虐待尤其嚴重。只要小孩啼哭就會拳腳相向、把孩子按進水裡，也曾經打死過好幾個孩子。香奈乎的武器「眼睛」，便是當初她為了閃躲父母親施暴，以免傷到要害而本能習得的能力。而這段過去也對她造成了巨大的心理創傷，即便景仰的義姊香奈惠死了都沒能哭得出來。

後來，當炭治郎被「隱」的後藤送到蝶屋，葵之所以激烈地介入香奈乎與炭治郎等人的互動，也許就是因為葵想要避免自己視為寶貝妹妹的香奈乎和外人有不必要接觸。以前，被販賣的孩子通常全身骯髒，淨是跳蚤，被人口販子用繩子牽著走；到了大正時代固然已大有改善，可是香奈乎那種對任何事情漠不關心的態度看在旁人眼裡，精神狀況絕對不正常。

大正時代恰巧是日本剛開始要為精神障礙等特殊兒童提供教育與保護、試圖改善其生活的時期。但另一方面，有些人依然在自家房間或院落一隅設置「座敷牢」，幽禁罹患精神病的家屬。可以想見從前那個時代，這些人會受到與現代截然不同的對待和好奇的眼光。

再說到日本的人口販賣，其實由來已久，《古事記》、《日本書紀》均有記載。十二世紀以來，以提供勞動力為目的的拐騙小孩和人口販賣相當盛行，甚至已組織化。雖說江戶時代以後幹這種勾當乃是死罪，但貧窮農家或都市低階人口把女兒賣去當遊女，卻普遍受到認可。這不僅僅是因為「窮困家庭把女兒賣作遊女是逼不得已」的社會觀念，同時也是因為「賣身救親乃女子美德」在當時是值得讚揚的行為。

明治時代開始，法律固然隨著日本的近代化而愈趨完備，但民眾的想法仍然沒有改變。法律禁止「誘拐」及「人口販賣至海外」，但父母認可的國內人口販賣並非取締的對象。也因為這個緣故，以「預借金」為名目把孩子賣到遊廓做遊女，或賣作工廠女工、農漁村作粗工等實質上的人口販賣行為，仍然不絕於後。

所謂「預借金」就是指談妥年限與給付額以後，人口買賣業者先行將全額支付給父母的做法，如此被賣掉的孩子在做滿議定年限以前，就會因顧忌業者去向家裡索取餘款而不敢逃跑。

預借金的金額，換算成現代貨幣價值大概在一百萬至三百萬日圓之間[4]。我們現代人或許會覺得這個金額賣女兒有點廉價，但其實人口販賣還有另一層意義，那便是「減少吃飯的人口」。在當時，農村地帶經常遇上寒害，如果鬧成飢荒就會吃不上飯。加上明治、大正時期國力、生活水準提升，日本整體已開始呈現少子傾向，但東北地區等農村地帶仍停留在多產多子的情況。在這些除農業以外別無其他商業手段的地區，一旦歉收就只能把孩子賣掉；而沒有工作的都市貧困階層也是相同的狀況。因此，其實有一些孩子在賣到工廠的年限屆滿後，仍選擇不回歸原生家庭，反而為了家人自願去遊廓營生。順帶一提，當時工廠勞動環境極為嚴苛，在工廠吃過苦的孩子很少會從遊廓逃跑。

心房緊閉的香奈乎並沒有想要為「家人」奉獻的想法。「可是有一天，有個聲音響起，我再也不會感到難受了。」這樣的女孩，如果真被賣到工廠或遊廓，大概也不會想要逃跑吧。

作品並未提及香奈乎是幾歲被賣到什麼樣的地方去，不過根據畫面和當時狀況類推，料想應該是被賣到遊廓而非工廠。

大正五年（一九一六年）工廠法開始施行，規定勞動者最低年齡為十二歲以上（實施時滿十歲以上且已受僱用者除外）。就算在工廠法尚未實施以前，當時被賣掉的香奈乎（儘管有營養失調、受到虐待等影響發育的因素）怎麼看也不像到了那個年紀。以她的年齡被賣到遊廓去固然不可能接客，不過遊廓接受七八歲的孩子去做「禿」，一面照顧太夫或花魁的生活起居，邊看邊學卻是相當普遍。香奈乎的父母肯定會想，能夠賣不如趁早賣掉，要賣不如賣個好價錢，自然就要賣到價錢比工廠更高的遊廓去。

在當時，人口販子絕大多數都跟反社會勢力有直接或間接的關聯；向遊廓販賣女性的「女衒」自是不在話下，向工廠介紹女工的仲介業者們也是如此。不同的是，女衒通常必須具備準確判別商品價值的眼力。從這點來說，買下（雖說渾身髒兮兮的）香奈乎的那個男子，或許跟青樓荻木屋那個看穿伊之助美貌的老鴇同樣有副好眼力。

4 編按：約台幣二十五萬到七十五萬，匯率按台灣銀行二〇二一年十月二十二日牌告匯率計算，以下皆同。

胡蝶忍：大正時代的醫療

蟲柱胡蝶忍除了執行柱的戰鬥任務以外，還在蝶屋設置醫療設施，從事鬼殺隊員的治療任務。跟作品中自稱「雖然是鬼但也是醫生」的珠世不同，忍從未自稱或被他人稱作醫生，純粹只是精通藥學而已。忍無力斬斷鬼的首級，而單憑揮刀突襲又不足以將鬼滅殺，於是便鑽研藥學、調合毒藥作為武器，想必就是在這個過程中獲得了豐富的醫療知識。除了投藥、開立處方外，她日常就會從事簡單的醫療行為，像是幫炭治郎診斷下巴、幫伊之助縫合傷口之類的（雖然嚴格來說，這些都是必須有醫生執照才能從事的行為）。

日本的醫療在江戶時代以前仍以中醫、東洋醫學為主；江戶末期方有荷蘭、英國、德國等地的西洋醫學傳入。明治時期以後，尤以德國醫學最受重視，甚至明治末期各種醫藥必需品幾乎悉數由德國進口。不過這個情形卻因為大正三年（一九一四年）爆發的第一次世界大戰而丕變。包括日本在內的協約國向德國宣戰，德國醫藥品的輸入應聲中斷，日本被迫自行生產醫藥品來供給，連帶使得日本的醫療獲得長足的發展。現在日本製藥業界的中堅企業，大多都是在這個時代創立的。

日本基本上是以「住院病床數」來界定醫院（hospital）和診所（clinic）。在大正時代，東京設有十床以上住院病床設備的醫療設施便算是醫院，否則就是診所（現行基準則是住院病床數達二十床以上方為醫院[5]）。根據第四十八話的畫面，蝶屋裡面炭治郎、善逸、伊之助三人並排的病床左右還各有一個空床，而病房另一側也是相同的配置，可以判斷蝶屋至少有十張病床。大正二年（一九一三年），當時各家醫院的平均病床數僅為十三床而已，如果在三人常住的這個房間以外還別有病床，那麼蝶屋在當時來說，可以算是規模相當大的「醫院」等級設施。至於炭治郎等人包紮用的紗布繃帶，則是從明治中期開始普及至各家醫院、藥局，直到大正到昭和初期才進入一般家庭，而蝶屋似乎隨時都備有相當數量的庫存。

另外，從機能回復訓練的情節中，可以看到蝶屋也具備復健設施。據說日本首次採用復健（理學療法）便是大正時代的事情。紀錄指出，當時東京帝國大學醫科大學附屬醫院就曾經在整形外科裡實施按摩等物理療法。

再來說到醫療器材，作品畫到上弦之陸（墮姬、妓夫太郎）之戰兩個月後，炭治郎在蝶屋醒轉，當時身上已經插著點滴正在投藥。近代日本曾有多次霍亂肆虐的紀錄，而點滴投藥作為治療霍亂的一環（靜脈注射與皮下注射食鹽水）在明治中期到末期已經相當普及。

除此之外，時透無一郎曾說：「體溫計量到的溫度是三十九度。」可見蝶屋也有體溫計。

在《鬼滅》故事發生的約莫半個世紀以前，也就是十九世紀後半，當時人類在細菌學、細胞病理學領域獲得了飛躍性的進步，人們開始認識各種疾病的致病原因；還發現特定疾病會有特定的體溫曲線，使得臨床量測體溫愈發受到重視。到了一八六六年，臨床用的水銀體溫計問世，很快便傳遍歐洲。

日本也是如此，或許是受到大正七年（一九一八年）全球有史以來最嚴重的流行感冒疫情影響（西班牙流感，罹患人數達六億人，死者達兩千三百萬人），早已不像昭和初期只有醫療院所有體溫計，就連一般家庭在家中都有常備。而大正時期受第一次世界大戰影響，各種德國製醫藥品取得困難，使得國產體溫計的開發快速發展。日本的近代醫學之父北里柴三郎，也是推動這次體溫計開發的核心人物之一。當時的體溫計開發公司，就是現在的日本TERUMO泰爾茂醫療器械公司，其企業理念是：「提供優良產品以助國民保健，並為國家經濟帶來實際利益。」可見在當時，體溫計國產化也被視為增進國家利益的事業。大正十二年（一九二三年）販賣的家庭用國產體溫計，價格約是二～三日圓。雖說大正年間的物價基準與現代頗有差距，無法直接比較，不過當時的一日圓大概等同於今天的兩千日圓（約台幣四百九十七元），所以當時的體溫計絕非大部分人用不起的高級品。

抱著必死覺悟的胡蝶忍，曾對香奈乎說要拿「我全部體重三十七公斤的分量」的毒餵給鬼吃，這樣的對話內容，唯有雙方都是蝶屋的醫療從業者才能成立。因為醫學領域必須使用世界統一基準，日本醫療機構在十九世紀末便開始採用「公制法」，以公尺為長度單位，公斤為質量單位。相對於當時的日本，一般社會大眾仍長期使用「尺貫法」（長度為尺、寸，重量為斤、兩等）。公制法要普及進入日本大眾一般日常對話，是昭和二十六年（一九五一年）日本實施「計量法」明文禁止使用尺貫法以後的事了。

5 編按：台灣也是類似的設置標準。病床數方面，醫院至少要有二十床，診所則以九床為限。（參考資料：行政院衛生福利部醫療機構設置基準）

甘露寺蜜璃：大正時代的結婚與家庭制度

戀柱甘露寺蜜璃過去跟鬼並無直接仇恨糾葛，她把鬼殺隊和隊員珍視為「我重要的棲身之所」，最初加入鬼殺隊的目的卻是為了「找到能廝守一生的丈夫」。也就是說，她是為了找尋結婚對象，而主動加入經常要賭命執行任務的鬼殺隊。她跟上弦之肆半天狗（憎珀天）戰鬥時，瀕死之際人生如跑馬燈在眼前播放，第一個浮現的，竟是兩年前相親破局的回憶，由此足見她對結婚的執著。

根據日本厚生勞動省（相當於其他國家的衛生部與勞動部）《人口動態統計》記載，大正時代的平均初婚年齡男性約二十七歲，女性約二十三歲。當時年僅十七歲的蜜璃似乎還不到該著急的年紀，儘管這只不過是所有人口平均年齡的帳面數字。

在那個時代，鄉下女孩子絕大多數都是小學畢業以後直接留在家裡工作，再加上為減少家中吃飯人口而到大都市討生活等各種情況，二十五歲能夠結婚都算是早的，年過三十才結婚的也不算罕見。

另一方面，如果是都市地區富裕人家的少女（也就是所謂的千金大小姐），小學畢業以後多半會繼續升學就讀女子學校。當時女子升學率不到百分之十五，在校期間年齡為十二到十七歲。另外，當時的女子學校不光是學習知識的場所，也是男方找新娘的地方；可以讓尋找結婚對象的男性（僅限相當程度的權貴子弟）或他們的母親前來參觀授課等。至於女學生們也秉持相同的認知，大部分不是盼著在畢業後馬上結婚，就是趁著在學期間談好親事，接著中途退學。

當時挑選新娘，最看重的還是容貌。據說當時如果要揶揄同學長得醜，經常會說某人是「畢業臉」，表示那女孩醜到肯定在畢業前都找不到婆家。

蜜璃在十七歲那次破局的相親中受到極大打擊，大概是因為以下這段話：「能夠跟妳結婚的大概也只有熊、豬或是牛了吧。那頭詭異的頭髮顏色，一想到要是遺傳給孩子我就害怕。」

富家千金的適婚年齡是十七到十九歲，女子學校畢業後還有段時間可以學習茶道、花道、音樂等，稱作「新娘修行」，所以年齡應該不是什麼問題。但如果是像前面所說，因為容貌不佳而出局，那就無法保證將來還能結婚。就算嚴格來說不是因為長得醜被打槍，髮色等外觀肯定也是個很大的問題。忍住想吃東西的欲望固然重要，但其實把頭髮染黑才是蜜璃的首要之務。

大正時期的婚姻以及「家」的觀念，源自《鬼滅之刃》的時代僅二三十年前。明治三十一年（一八九八年），日本實施明治民法中記載的「家制度」。

在明治民法頒布之前，除了武士人家另當別論，所謂的「家」就是由許多家人組成的某種類似法人、共同體的組織，夫妻不同姓、夫妻財產獨立的對等婚姻的關係才是常態。當家庭制度法制化，使得「家」變成了「戶主」以一家之主（幾乎都是丈夫）的身分擁有絕對權力、統率家人的組織，剝奪了妻子的經濟獨立和自由。

而男主外女主內的夫妻分工，也被家制度奉為標準夫妻的模範。從此，結婚對女性來說就等同於生存所需的「就業」，基本上剝奪了女性不結婚的選項，最後造成日本人一生未婚率長期以來都在百分之五以下。

更誇張的是，家庭成員無論婚姻、居住、收養養子女等行為，若未經戶主同意都不能自行決定。不服從戶主指示者，往往會受到處分，被逐出家門。戶主固然對家人握有絕對權力，相對卻也必須背負扶養全家的責任，並事事以「家」的存續為最優先考量。

正因為當時結婚是連結上述概念中「家」與「家」的重要裝置，所以結婚對象是由父親敲定、不容自己選擇就成為了普遍現象。其中「相親」這樣的方式，跟從前武家經常被迫跟素未謀面的人結婚比起來，已經算是相當有良心的做法了。相親在見面以後，還是可以拒絕婚事（雖說氣氛未必輕鬆），蜜璃的相親正是遭對方拒絕而破局的。

社會大眾講究「戀愛結婚」首度超越「相親結婚」，也是大正時期的另一個重要特徵。要注意的是，「戀愛」跟「戀愛結婚」其實是兩個完全不同的概念。所謂戀愛結婚，是指事先設定結婚這個目標，然後才談戀愛，可不是現代這種完全不考慮對方家長與家庭的自由戀愛。換言之，戀愛結婚說穿了同樣不過是使「家」存續下去的其中一種婚姻形態；萬一婚事遭戶主反對，就只能透過私奔甚至殉情等手段，自己跳出「家」這個框架之外。

蜜璃與家人感情深厚，是個回想過去也想先感謝父母的善良女孩。她之所以執著於婚姻，想必是出於一種大正時期特有的家庭愛，希望透過自己的婚姻為「家」做出貢獻。加入鬼殺隊以後，蜜璃似乎展現出容易喜歡上別人的個性，或許這只不過是她為了尋找戀愛結婚的對象，而積極嘗試找出他人的優點。我們可以肯定地說，蜜璃一定不會變成那種會讓家人傷心困擾的自由戀愛信徒。

宇髓天元：忍者及其歷史

音柱宇髓天元以前是名忍者。忍者、忍術實際發祥於什麼時候，說法眾多。而記錄忍者存在的最古老史料，可以追溯至日本南北朝時代（一三三七年～一三九二年）；當時普遍將忍者視為抵抗莊園統治體制的惡徒。忍者開始大顯神通，則要到戰國時代，他們在各地從事滲透敵國、縱火、破壞、夜襲、埋伏、蒐集情報等工作，據說當時重要的大名諸侯沒有一位不起用忍者。

忍者最重要的任務，畢竟還是將敵方情報帶回給雇主，因此最佳策略應該是極力避免戰鬥並生還。在潛入遊廓、發現敵人是上弦的鬼時，天元說：「不必覺得丟臉，活著的人就是贏家，不要錯失機會。」並催促（當初他認為實力不足的）炭治郎歸隊，也許就是因為他本是忍者，而非劍士出身。

戰國時期，忍者基本上是以務農或行商作為掩護，暗地裡刺探情報，接獲指令後才前往戰場或敵人後方展開活動。從這點來看，跟必須在最前線戰鬥的音柱天元相比，潛入遊廓暗地調查的三名妻子（須磨、槙於、雛鶴）反倒更像忍者。

天元所屬的忍者流派不明，而日本最有名的兩個忍者流派是伊賀流與甲賀流。伊賀、甲賀地區距離京都不遠，四面環山，大名諸侯勢力滲透較弱，所以忍者自治發達，也經常接受來自鄰近諸國的任務委託。甲賀基本上效忠於固定主君；相對的，伊賀偏向純粹的金錢契約，除此之外別無干涉，是傭兵色彩極為濃厚的集團。因為這個緣故，同是伊賀忍者卻因受僱於敵對雙方、為達成任務必須奪走同伴（同鄉）性命的情形亦時有所聞。忍者冷酷無情的形象，應該就是深受當時伊賀流的影響。忍者集團向來有自幼以獨特訓練嚴格培育忍者的傳統，伊賀流又尤以體術見長為世人稱道。柱訓練開頭第一關，正是由天元負責提升基礎體力，或許就是因為忍者非常重視體術、體力基礎訓練的緣故。其次，甲賀忍者還擁有豐富的醫學、製藥相關知識；明治以後，甚至會在忍術書籍裡記載忍藥的配方，行腳兜售其他藥品。直到今日，甲賀地區仍有特別多的醫藥品、營養劑公司行號或工廠設址於此。

從戰國時代進入和平的江戶時代以後，忍者就喪失了大顯身手的機會。與上弦之陸的戰鬥中，天元說：「我是忍者世家出身，有抗性，所以毒是沒用的。」對此墮姬則大喊：「忍者在江戶時期就絕跡了吧，你少騙人了。」由此可知世間普遍認為忍者早在江戶時代就已經滅絕，遑論明治甚至大正時代。

我們不知道妓夫太郎、墮姬兄妹變成鬼的正確時期為何，不過作品提及這對兄妹的死將造成上弦成員「一百一十三年以來」首次發生變化（考慮到兩兄妹變成鬼以後要升格進入上弦，而且把兩兄妹變成鬼的童磨當初仍是上弦之陸，因此應該需要相當多年的時間），可以推測這對兄妹變鬼應該是落在一八〇〇年前後。而那時正好是今日所謂「大眾娛樂的忍者形象」剛要確立的時期。

雖說史料早已有關於忍者活動的記載，可是一般庶民普遍認知到世上有忍者存在，其實是因為甲賀忍者的後代向江戶幕府進獻忍術書《萬川集海》（一六七六年著）。原來，伊賀忍者很早就投靠了德川家康，並以「伊賀組同心」[6]的身分被江戶幕府收編在服部半藏[7]麾下。另一方面，歷經織田信長而選擇豐臣秀吉陣營的甲賀忍者，卻於一五八五年遭秀吉撤換，許多忍者都成了平民。心懷不滿的甲賀忍者於是在江戶初期掀起請願活動，訴求甲賀對家康和幕府同樣也有貢獻，應當享受士族待遇，所以才把記載伊賀、甲賀甚至所有忍術流派技術、本屬一子相傳之祕的《萬川集海》，提出給幕府作為證明。

忍者、忍術漸漸以「特殊人物」為世所知，大約在一八〇〇年左右，也因為被拿去作為「讀本」（江戶後期流行的傳奇小說）的題材而大受歡迎，從而確立了今日的忍者形象。《自來也說話》的自來也、《烈戰功記》的飛加藤、《繪本太閤記》的石川五右衛門等，這些角色直到今日仍被許多漫畫、小說引為題材，大展虛構的忍術，從而樹立了大眾娛樂中的忍者形象。之後，明治、大正時期又出現了猿飛佐助、霧隱才藏等忍者人物，到了《鬼滅》故事發生的時代——大正十年（一九二一年）日本第一部特技電影推出，也就是以忍者為題材的《豪傑兒雷也》。就如同先前提到的，天元有關忍者的發言之所以被墮姬斥為騙鬼，從當時的狀況來說也是難免。

雖然這麼說，其實江戶時代的忍者也沒有完全停止活動。忍者仍然作為幕府和部分藩國的祕密機關持續運作著，例如官方紀錄中最後一次的忍者活動，正是一八五三年馬修・培里黑船航行至浦賀那時。早在《鬼滅》故事發生約五十年以前，便有明確紀錄顯示忍者為了調查而潛入船上參加派對，所以我們無法排除像天元這種「正當」的忍者家族在大正時期仍祕密存續的可能性。

大正時期受到世界情勢不穩的影響，日本軍方內部設立了負責蒐集情報與謀略工作的「特務機關」。祕密潛入敵國、有時必須無情剝奪敵人性命、確實帶回情報……大正時代可說是最迫切需要「忍者」的時代。

6 編按：「伊賀組」為江戶幕府百人組（幕府旗下組織）的其中一組；「同心」為江戶時代的下級官員，類似現代的警察。因此「伊賀組同心」就是將伊賀忍者收編於江戶幕府之下，作為警備之用。

7 編按：日本戰國至江戶時代德川麾下的武士。伊賀出身，因此麾下士兵有不少是伊賀忍者。

悲鳴嶼行冥：大正時代的孤兒院

岩柱悲鳴嶼行冥尚未加入鬼殺隊以前，曾是寺院的僧侶，撫養無依無靠的孤兒；換句話說，也就是那時的孤兒院，現在的育幼院、育幼機構。

隨著社會的緊張氛圍愈發高漲，大正時期的兒童問題持續惡化，母子殉死、兒童虐待、營養不良、販賣人口、少年犯罪等問題已相當嚴重且眾所周知。

政府雖然也為此組織行政機構、投資兒童保護事業，然而其主要目的，始終還是保護兒童與孕婦，進而培育出能使國家富強的人材。所以政府雖然設置了許多救濟貧困家庭的公立托兒所，孤兒、棄兒卻不是收容對象。根據《兒童保護事業之概況》（日本社會局編）記載，大正十四年（一九二五年）當時的公立育兒設施（育幼院）僅有兩家，私立（民間）育兒設施卻多達一百一十七家，可見當時的人並不認為保護孤兒應由國家負責，往往將其視為某種慈善事業。也因為這個緣故，這些設施普遍缺乏資金。

日本最早以「孤兒院」一詞來命名的機構，是「兒童福祉之父」石井十次創設的「岡山孤兒院」。該院於明治二十年（一八八七年）基於基督教信仰所創，也是日本第一個由個人經營的孤兒院。明治三十九年（一九〇六年）因收容東北地區農作歉收造成的孤兒，使得收容人數一度超過了一千兩百人。為求將來收容的孤兒可以自力更生，孩子們會在活版印刷、織布等職業訓練部門從事勞動工作。後來岡山孤兒院又成立了樂隊，前往全日本各地甚至海外公演，募集義援善款。這些活動獲得的收益與捐款，是該院的重要收入來源。即使如此，該院也在大正三年（一九一四年）創辦人十次去世不久後陷入財政困難，最後終於在大正十五年（一九二六年）解散。

明治、大正時期的民間育幼院大多都是基督教團體設立，不過也有部分佛教團體會在寺內設置育幼院，投入兒童保護活動，行冥的孤兒院也是如此。恐怕不是因為廢寺等因素，才由他獨自一人營運孤兒院，而是某宗派宗教活動的其中一環。當時並沒有盲人營運孤兒院的案例，而且那時孤兒口中「眼睛也看不見，這種大人能有什麼用」的行冥，怎麼看都不像有能力在完成每日業務之餘，還能獨力調度營運資金。

當初從行冥寺裡偷錢的獪岳，之所以會遭「情同家人的」同伴們驅逐，或許就是因為這些孩子比任何人都清楚當時孤兒院要籌措營運資金，是何等困難。

鱗瀧左近次：大正時代的劍術與切腹觀

《鬼滅》的背景雖然在大正時代，不過隊員憑劍術對抗鬼的作戰方式和精神，與其說是明治、大正的「近現代」人物，似乎更接近江戶甚至幕末時期的「武士」。事實上，培育出炭治郎和富岡義勇的鱗瀧左近次，便是曾活躍於江戶末期慶應年間（一八六五年～一八六八年）的鬼殺隊員。我們不知道除了鱗瀧以外，其他鬼殺隊培育者的年齡層分布如何，但他們訓練劍士的方式，某種程度來說可能反映出江戶時代末期武士的思想。

慶應到明治（一八六八年～一九一二年）的時代變化，對於為劍而生的武士來說特別難以接受。短短四年間，就遭逢大政奉還、戊辰戰爭以及新政府的成立，快速穿越了「幕末」。而等著他們的，卻是四民平等的武士階級廢止令；明治九年（一八七六年）更有「廢刀令」禁止佩帶刀劍。明治政府自設立之初，不斷推動極端的近代化、歐美化政策，於是劍術被棄如敝屣。士族們本來就面臨坐吃山空的問題，如今就連佩刀都遭到禁止，因此對廢刀令的不滿終於爆發，士族紛紛在各地掀起叛亂，或許正印證了「刀為武士之魂」這句話。

諷刺的是，後來讓明治政府重新認識到劍術價值的，竟然是在最大規模的士族叛亂——明治十年（一八七七年）的西南戰爭中多有戰功的「拔刀隊」。當時政府軍面對幕末英雄西鄉隆盛率領的叛軍突襲，陷入苦戰，於是從多為士族出身的警視隊中，遴選劍術優異的警官組成拔刀隊投入戰場，成功逆轉形勢。拔刀隊的活躍，使得維新後遭廢止的劍術和日本刀重新獲得高度評價。警隊開始獎勵同仁練習劍術，尤其警視廳還多次延請知名劍客擔任劍術指導，並舉辦規模盛大的劍術大會。甚至明治十六年（一八八三年）規制改正以後，警官還可以正大光明佩帶軍刀（軍刀形式的日本刀），使得警官一躍成為士族的夢想職業之一。對當時既非政府正式承認的組織，也無法在光天化日下帶刀的鬼殺隊來說，警官從某個方面而言肯定相當令人羨慕。

明治二十八年（一八九五年）日本政府以獎勵武術（並提振國民士氣）為目的，創立了「大日本武德會」，從此展開了形形色色的劍術流派整合工作。加上當時日本國民受到前一年中日甲午戰爭的影響，對各種武術非常關心，因此到了這時，劍術幾乎已經復興成功。到了明治末期，學校教育更將劍術納入課程，街上劍術道場的地位也已經相當穩固了。到了大正元年（一九一二年）日本制定了規範劍術形式的「大日本帝國劍道形」，至此日本現代劍道的原型已然成形，劍術從此就跟竹刀劍道合稱「現代劍道」，並繼續發展下去。

「劍術」就這樣從江戶經過大正傳承到了現代，可是武士文化的另一個命題卻沒能傳承下來，那就是「切腹」。

武士為何要切腹？《武士道》作者新渡戶稻造這麼解釋：「人類的靈魂和情感蘊藏在腹部，為表真心清白，因此開肚剖腹示人。」而日本自古就認為切腹是榮譽的自盡方法，只不過《鬼滅》裡的切腹，似乎純粹是種「為失敗負責」的行為。

因為雷之呼吸的使用者當中出了一個鬼（獪岳），讓培育者桑島慈悟郎決定不找介錯人[8]幫忙在喉嚨或心臟給予致命一擊，而是選擇直接切腹痛苦而死。善逸得知師父死訊和死法時，固然極度地憤怒瘋狂，但事實上，切腹的痛苦非比尋常，而且如果沒有人幫忙在喉嚨或心臟補上一刀，考慮到仍有一息尚存，據說其實沒那麼容易斷氣。萬一傷到腸子，別說一整天了，可能至少要痛苦個好幾天。也因為這個緣故，介錯人通常會在切腹者把刀刃刺進腹部的同時，便將首級砍下。而「介錯人制度」就是為了避免讓切腹者死得太痛苦，所以在近世以後，將其納入了切腹的儀式中。江戶時期以後，切腹變得更加形式化，據說當時是把扇子擬作刀刃，介錯人只要看見切腹者伸手取扇的信號，就會把首級砍下。換言之，當時雖然名為切腹，實際上卻根本就沒切到腹部，可以想見切腹是何等痛苦的死法。

也許是出於這樣的緣故，大正時期以及明治初期便廢止了切腹的死刑制度。唯有極少數將官仍選擇以切腹作為自決手段，比如明治天皇駕崩時，乃木希典陸軍大將便選擇切腹殉死。當時世人普遍將其視為武士道行為，頗有好評；然而志賀直哉、芥川龍之介等部分新世代年輕人卻冷顏旁觀，批判那是「前近代的行為」。

鬼殺隊也是如此。除了可能在幕末時代就已是現任隊員的鱗瀧和桑島以外，基本上沒有年輕隊員會說要切腹以示負責，隊裡似乎也沒有類似新選組[9]那種異常嚴苛的隊規，一旦違反規定就要立刻切腹（姑且不論牽涉到鬼的事件）。或許鬼殺隊並非一般使人聯想到武士的前近代組織，其實還頗具現代精神的。

以下純屬閒聊，「柱合審判」中討論到炭治郎和禰豆子的處分時，鱗瀧曾以切腹作為擔保，希望能饒兩人死罪，若按照常理其實是順序顛倒。照理來說，擔保者應該先切腹自殺，再將信件呈給主公大人。年輕的不死川（當然他想說的應該是另一種意思）會說：「（嘴上說）願意切腹那又怎麼樣？」反倒是正確的反應。

8 編按：「介錯」是指為了讓切腹者更快死亡，免除疼痛，而在切腹儀式中協助斬首的行為，該協助者便是「介錯人」。

9 編按：「新選組」，幕末時期一個效忠江戶幕府的武裝集團，最鮮明的特色就是「誠」字隊旗。其嚴格的隊規稱作「局中法度」，內容包含不可違背武士道、不可任意脫離組織等，違者切腹謝罪。

鋼鐵塚螢：大正時代的鍛刀師與研刀師

說起鋼鐵塚螢，就連同僚鐵穴森鋼藏都說他「是個火熱的人」、「比任何人都要愛惜刀」，可見鋼鐵塚螢是名對刀懷有深厚感情的鍛刀師。然而《鬼滅》的大正時代已是廢刀令頒布以後，跟從前武士能夠帶刀的日常已是今非昔比。

廢刀令幾乎完全消滅了日本刀的需求，造成明治初期大量刀匠失業。不過自從警察獎勵劍術後，日本為對抗歐化主義而掀起了國粹主義風潮（強調日本文化與傳統的獨特性並加以保護），加上明治三十七年（一九〇四年）日俄戰爭爆發，民眾再次發現刀劍在白刃戰裡的重要性，使得日本刀作為軍刀用途，需求逐漸復甦。

後來日本又制定了保障美術家、工藝家以保存並發展日本傳統工藝的「帝室技術員制度」（即現在的重要無形文化財制度與人間國寶），日本各地紛紛創立了「刀劍會」等組織，以保存、研究日本刀。因此日本刀作為傳統文化、美術品的價值，便從明治中期至大正年間得到極大提升。

一把日本刀，藏有眾多工匠的心血。鍛鍊鐵石、打造刀形的職人（鍛刀師）自是不在話下，還有在刀身雕刻文字的職人雕刻師、製作刀鞘的鞘師、把刀磨得既鋒利又美麗的研刀師等，個個都是獨立的專家。尤其研刀師更使日本刀超越了純粹追求鋒利的實用性質，使日本刀提高到供人欣賞的藝術品高度。也因為這樣，研刀師不再兼做只求鋒利的磨刀工作，而獨立成為了專門研磨日本刀的職人。

研磨日本刀的歷史悠久，早在鳥羽上皇時代（一一〇〇年代）便已經有專門的研刀師存在。傳承這門技藝而名留青史的，當數南北朝時代侍奉足利尊氏的本阿彌妙本，以及本阿彌家的分家，即流傳至今的光意系本阿彌家。本阿彌家以保養、研磨、鑑定日本刀為家業，前後任職於足利家、豐臣家、德川家名門，甚至戰後還出了四位人間國寶。

講到研刀師的價值與重要性，便要提到從前活躍於大正時代的研刀師平井千葉。平井是人稱兩百年一遇的大天才，他使用一種叫作「平井研」的研磨方法，可以襯托出鐵材的優點。無論做工再怎麼差的日本刀，只要經他之手就會變成良品；相反的，如果把他研磨的刀拿給別的研刀師重新磨過，無論原本看起來多麼精良都不免相形見絀。據說也的確發生過原本價值六千萬日圓的平井研日本刀，被（不知道那是平井千葉作品的其他研刀師）重新研磨過後，價格暴跌到不到一千萬日圓的案例。

鋼鐵塚螢的特異之處（當然性格特異自是不在話下），就在於他既是鍛造刀劍的鍛刀師，也兼任研刀師，兩者需要的技術完全不同。一般來說，鍛刀師就算攬下前期階段的簡單研磨，也會把真正的研磨工作留給研刀師。鋼鐵塚螢說過：「我會用鋼鐵塚家世代相傳的日輪刀研磨術，好好地把這把刀磨亮。」從這段話可以推測，可能他的本職是研刀師而非鍛刀師。鬼殺隊每位柱的用刀（理所當然）均是戰鬥專用，完全不用考慮可供觀賞與否的藝術品用途。中原澄曾歪著腦袋不解道：「刀會損壞是常有的事吧……」可見鋼鐵塚螢就連態度也迥異於其他鍛刀師，這或許是因為他本來就抱持著與其他鍛刀師不同的職業價值觀。

玉壺曾對鋼鐵塚螢驚嘆：「好驚人的專注力！」他一心一意研磨的漆黑的刀（一直收納在緣壹零式裡面），乃是戰國時代製作而成的。進入江戶時代前的最後一個年號是慶長（一五九六年～），一般又將慶長以前的日本刀稱作「古刀」，以跟之後的日本刀做出明確區隔。為何要有此區分呢？原來兩個時期鍛造刀劍的原材料不同，以至於鍛造刀劍的方法也有差別。

慶長時代以後的刀，主要是用一種以鐵砂為原料、經過踏鞴法製成的鋼「玉鋼」打造而成。至於古刀是如何製作的，直到今日仍然無法確定。今日流傳的日本刀作法均來自江戶時代以後的紀錄，而玉鋼本身也是江戶時代的製品；記載從前製刀法的文獻早已不復留存，因此古刀使用何種原料、如何鍛造，至今還有待研究。

會造成這樣的結果，其中一個原因就是江戶時代的鎖國政策。戰國時代以前日本可以引進豐富的南蠻鐵（海外輸入的鐵），但鎖國以後便無法進口。一般推測，當時應該是將南蠻鐵摻雜日本各地的鐵砂冶煉成鐵，作為鍛刀的主要材料，而其中確實有少數製作出了好的作品，所以小鐵少年才會說：「戰國時代的鐵品質都很棒。」

當然，不可能所有古刀的品質都很精良。相反的，戰國時代戰事頻仍，對武器的需求達到巔峰，也讓粗製濫造的刀大量流入戰場。著名武將特別訂製的刀另當別論，一般來說刀的品質根本良莠不齊，到處充斥著品質、狀態極差的刀，如果被鋼鐵塚螢看到，恐怕會立刻昏倒吧。

據說現在的日本刀愛好者中，有不少人會自己磨刀，而把研磨日本刀當作個人興趣，始於明治時代以後。明治天皇也是知名的愛刀家，相傳他除了蒐集以外，也很享受在皇居裡面研磨日本刀。如果鋼鐵塚螢看見了，不知道會作何反應。

遭雷擊的少年：我妻善逸

日本每年平均都有超過二十人遭雷擊而亡。從次數來看，雖然發生機率不過區區幾百萬分之一，可是一旦遭到雷擊，死亡率（單論日本）卻高達百分之七十。在樹下躲雨而遭雷擊的案例多不勝數，更顯得爬到樹上竟然沒被劈死的善逸是何等好運。

其次，並無紀錄指出有人曾像善逸這樣「被雷打到後，頭髮顏色都變了」。世界各地固然偶有被雷打到以後視力恢復、變得異常耐寒等體質獲得改善的事例，但這些都是極為特殊的情況。

通常人體遭到雷擊等受強大電流貫穿，會使皮膚裡的微血管破裂，進而浮現表面，形成一種類似燒傷的放電痕跡，稱作「利希騰貝格圖形」。其次，據說倖存者中大約百分之八十會留下記憶障礙、睡眠障礙等各種後遺症。

被雷打到還平安無事的個案中，最有名的應該是美國的羅伊・沙利文（Roy Sullivan），人稱「人體避雷針」。一九四二年到一九七七年間，他竟然被雷劈到七次，被寫進金氏世界紀錄中。

COLUMN

山豬養大的野孩子：嘴平伊之助

世界各地有不少像伊之助這樣，由野生動物撫養長大的「野孩子」傳說，但許多紀錄其實都相當可疑。

在這之中，有兩個比較可信的野孩子案例。首先是哥倫比亞一名叫作瑪麗娜・查普曼（Marina Chapman）的女性。查普曼五歲時遭人誘拐並遺棄於叢林中，直到十歲為止，她都在捲尾猴的群體裡生活。據說當初發現她的時候，查普曼能夠理解猴子的叫聲，卻無法理解人類的語言。

其次是被狼養大的土庫曼男子祖馬（Dzhuma）。不知從何時開始，祖馬在森林裡生活，被人發現時大概四五歲。發現之初別說是說話，就連用手吃飯、直立行走都不懂，據說前後花了十年，好不容易才能勉強與人問候，並從一數到十。

這兩名被動物養大的孩子以及其他案例有個共通點：如果開始與動物生活的年齡愈小，要回歸人類社會就愈困難。另外，或許是因為環境變化造成了巨大壓力，這些孩子在接受人類撫養、保護以後，基本上都很短命。伊之助應該要好好感謝青年孝治和祖父，這兩人連結著伊之助，使他不致與人類社會脫節。

COLUMN

鬼舞辻無慘：平安貴族的飲食與疾病治療

無慘本是人類，因罹患絕症，被宣告在二十歲之前就會死亡。平安時代當時有名善良的醫生想方設法替他治療、盡量延長他的壽命。而醫生似乎已經研究出以「青色彼岸花」調製的治療藥（雖說仍在嘗試階段），無慘卻不知道藥物開發已有進展，只感覺病狀持續惡化，遂憤而以利刃剖開醫生頭顱將其殺害。

醫生慘死時，應該還在調配藥劑，而身旁的無慘當時正在用餐，面前擺著「一汁三菜」（湯、飯、主菜、副菜、副副菜）。這樣的菜式安排，後來成為了現代和食的基礎，而一汁三菜的形式正源自平安時代貴族的餐桌。那個時代，庶民只有一汁一菜（湯、飯、小菜）而且幾乎吃不上白米，只能用雜穀煮粥來吃，足見擺在無慘面前的餐食在當時相當豪華。再從房間的擺設判斷，可以猜想鬼舞辻家應該是位階相當高的貴族之家。

平安時代的餐桌上多以魚類作為主菜而非肉類，可是貴族住的京都離海很遠，所以吃的主要都是經過日曬、發酵等加工以長期保存的食物。宴席等特殊場合固然有機會吃到肉，但也是從別處運來加工過的肉乾。當時的京都人要攝取蛋白質與維生素相當不容易，家境富裕的貴族因為營養失調而生病也屢見不鮮。

平安時代的男性平均壽命約在三十三歲左右。雖說嬰兒死亡率極高，直接拉低了平均壽命，但四十歲在當時確實就已經是老人了，六十歲以上的人口比率不到百分之五。醫學不發達固然是因素之一，然而最關鍵的，仍是營養與衛生問題。

那麼平安時代的貴族是如何治療疾病的呢？在現代，赴醫院、診所就醫是常態，但當時的皇族、貴族治療疾病，卻是以「醫術」、「咒術」併用為主流。

行使醫術的稱作「醫師」，行使咒術的則是「陰陽師」，兩種職業各有明確定位，都是屬於不同技術體系的專門「醫者」。

當時所謂醫師，專指國家政府機關宮內省諸官司當中隸屬「典藥寮」、運用醫術從事治療的人。能接受典藥寮治療的人，位階必須高於從五位以上，換句話說，唯有貴族才有資格接受治療。典藥寮的長官稱作典藥頭；執行醫療任務時除了醫師以外，還會召集針師（針灸醫師）、按摩師、咒術師組成醫療團隊。除醫療任務外，典藥寮非但是醫療從業者的培育機關，還要負責栽培製藥所需植物，管理「藥草園」。

鬼殺隊組織中，當以胡蝶忍和具備醫療設施機能的「蝶屋」，定位比較接近典藥寮。其長官（柱）胡蝶忍精通藥學，自己就懂得如何使用紫藤花製作「能殺死鬼的毒」，同時還全力配合珠世投入新藥開發。作為一個組織，蝶屋除調製「藥湯」之類恢復疲勞用的日常藥劑，也會提供整潔的病床和飲食以協助治療，甚至培育了後繼者栗花落香奈乎、看護師兼機能回復訓練教官神崎葵等人，可見蝶屋作為醫療機關的制度已經相當健全。

另一方面，陰陽師則隸屬於公家機關中務省諸官司之中的「陰陽寮」底下，主要運用「祭祓」的方式來祈禱患者的疾病痊癒。當時的人普遍認為疾病源自惡靈、鬼怪作祟，所以用祈禱來驅除惡靈的祭祓，當然是堂堂正正的醫療行為。

儘管現代人往往對陰陽師抱持相當懷疑的眼光，但正如前面提到的，陰陽師在當時可是被分類為「醫者」的專門技術職。陰陽道諸如「方違」[10]、「物忌」[11]等諸多信仰思想，並非純粹的迷信這麼簡單，而且確實也對當時皇室和貴族的生活習慣多有影響。再加上陰陽寮除了咒術以外，還要負責國家的占卜、天文、時刻、編纂曆法，其影響之深遠，甚至嘉惠現代。

《鬼滅之刃》是大正時代（一九一二年～一九二六年）的故事，而無慘變成鬼是千年以前，所以可以推定大約是西元九〇〇年左右。那時，陰陽道仍由陰陽寮獨占，是一種國家機密；陰陽師的地位也非常高，可不是區區祈禱師這麼簡單。盛傳日本的一些國家級黑歷史底下，往往都有陰陽師在暗地裡活動，例如把菅原道真貶謫到九州太宰府的昌泰之變[12]（九〇一年）就是經典案例。像這樣，別說是政局或人事任用的決策，陰陽師甚至可以影響天皇讓位這等大事。順帶一提，日本最有名的陰陽師安倍晴明便生於九二一年。

至此，我們可以看到《鬼滅》世界的氛圍雖然跟陰陽師調性相當契合，不過負責治療無慘的那名「善良的醫生」，從他懂得自行調製藥物等線索來看，肯定是名醫師而不是陰陽師。

作品沒有提到無慘一直找尋的「青色彼岸花」從何而來，又為何過了千年仍然沒有發現，也許青色彼岸花一直都綻放在某處的某個藥草園裡。

10 編按：方違（かたたがえ），近似於風水中判斷方位的吉凶，通常用於外出、施工、宮中政事或戰爭開始之際。

11 編按：物忌（ものいみ），相當於齋戒，例如茹素、沐浴淨身等，甚至忌諱說出某些語詞。

12 編按：九〇一年，菅原道真晉升從二位之官，卻被誣告意圖幫助齊世親王篡奪皇位，因而獲罪被貶，流放至九州太宰府，史稱「昌泰之變」。兩年後，菅原道真在太宰府病逝。

童磨：江戶到大正時代的宗教觀

不同於其他鬼，上弦之貳的童磨同時擁有鬼和宗教團體「萬世極樂教」教祖這兩種身分。他曾說過：「二十歲的時候我成為鬼，活了一百多年。」粗略算起來應該是一七五〇年～一八〇〇年（江戶寶曆～寬政年間）的事情。正如同他對父母的評語：「要不然也不會創立極樂教這種無聊的宗教。」萬世極樂教是童磨父母所創的宗教團體。極樂教將其設施稱作「寺院」，而「極樂」一詞通常指阿彌陀佛的淨土，可以猜想極樂教當時應該是歸類在佛教的新興宗派。

江戶時代所有宗教均受寺社奉行管轄，所有人民都適用所謂「寺請制度」，也就是必須登錄為某個寺院的施主，因此所有人在名目上都是「佛教徒」。其實這個寺請制度，純粹是為了取締基督教徒而制定的戶籍登錄制度，就好比日光東照宮是將德川家康奉為神君（神）祭祀。原則上，江戶幕府對佛教以外的所有宗教其實都是承認的，甚至明治以前，神道、佛教兩者並無明確區分，而幕府也並未積極想要管制宗教團體；至於沒有特定宗教設施的民間宗教人士（如陰陽道、祈禱師等），幕府也會發行執照以保證其職能。唯有極少數可能威脅到幕府存在的宗教才會遭到嚴格禁止（首當其衝的便是極容易煽動內亂的基督教，還有否定將軍的日蓮宗「不受不施派」等）。同一時間，歐洲宗教戰爭、獵女巫活動正如火如荼，相較之下日本在當時可說是認同「信仰自由」的國家。

明治維新開始後，由於意圖將天皇神格化等，日本立神道教為國教，而有「神佛分離令」（命令神社與寺院分離，各自獨立）、「廢佛毀釋」（將神佛分離解釋為排斥佛教，進而破壞寺院或佛具的運動）等事情發生，不過這樣的亂象也只是一時的。政府先是將幕末興起的神道系新宗教，定位為「教派神道」給予官方承認，又制定「神社合祀令」，以每町每村只能有一間神社為原則進行整合。政府有意統治宗教團體的態度愈發明確，不過基本上並未損及人民的信仰自由。

縱觀整個明治大正時期，對宗教的大規模鎮壓也僅有「大本教」事件而已。當時大本教的軍人信徒眾多，又將其神明置於天照大神之上，因而對天皇權威造成極大威脅；而且該事件其實是針對專門跟政府、天皇對著幹的團體，也就是典型的棒打出頭鳥。萬世極樂教在「聰明」的童磨的率領下，是絕對不會做那種樹大招風的事，才得以在百餘年來不斷增加（又不斷地吃）信徒。

猗窩座：江戶時代的罪人與墨刑

上弦之參猗窩座在還是人類時，就為了籌措父親的醫藥費屢次行竊，多次被捕吃上刑罰，卻依然故我，甚至面對劊手的威脅仍一笑置之。就連町奉行[13]都傻眼道：「才十一歲就不斷犯罪，成年男人被杖打一百都會昏厥，你竟然還能回嘴。」

猗窩座手腕上有三條刺青，證明他是個罪犯。幕府正式採用「墨刑」這種刑罰是一七〇二年，當時的幕府將軍德川吉宗為抑制犯罪，參考了明朝法律，因而新增這種刑罰。這位德川吉宗曾經透過「享保改革」試圖重振幕府財政，還親自主導，編纂江戶幕府的基本法典《公事方御定書》，是位政治、行政手腕相當高明的人物。而在這部法典尚未問世以前，日本的刑罰基本上不是「死罪」就是「放逐」，可以說非常粗糙。

當時，透過墨刑刺在身體哪個部位、什麼形狀，就可以判別此人是在哪裡犯的罪。例如在手肘關節下方刺兩條或三條橫線，必定是「江戶町的罪人」，所以慶藏才能在看到狛治（猗窩座）以後立刻斷定他是「江戶的罪人」。

墨刑的刑度較輕，主要是對犯竊盜罪的町人施加的刑罰。竊盜的金額如果達十兩以上（當時的十兩可以供庶民人家一整年寬裕度日）是立即死罪。若金額不足十兩，初犯原則上會判處「敲」刑，也就是大板子鞭打之刑，輕則五十敲，重則一百敲。倘若再犯，除敲刑以外便會再加上墨刑；如果三犯，無論竊盜金額大小均被視為罪性頑劣、不可能改過自新，乃是死罪。然而，如果是光天化日下遭扒竊或被闖空門，當時會認為被害者疏於防範，自己本身也有問題，所以這樣的累犯並不適用死罪。猗窩座行竊不止兩三次，而是犯行累累，能夠只受到敲刑正是因為這個理由。另外，由於眾人皆知「行竊十兩以上為死罪」，據說不少受害者出於「如果犯人被判死罪會讓人睡不安穩」等理由，即便遭竊，還是會故意將被害金額申報為不足十兩。

墨刑於明治五年（一八七二年）廢止，連同裝飾用途的「刺青」也一併遭法律明文禁止，使得許多刺青師必須時常遷居躲避取締。好在後來，刺青很快就受到某種程度的默許（再合法化卻是戰後的事情了），就算刺滿整張臉走在街上也不會再被逮捕了。

13 譯注：江戶幕府的職稱，掌管領地內都市的行政、司法。

半天狗：江戶時代的盲人與盲人組織

上弦之肆半天狗是個卑劣之徒，會故意偽裝成盲人，利用他人的善意多次幹下竊盜和殺人罪。根據其性格判斷，他應該是看上江戶幕府盲人保護政策的恩惠而長期假扮成盲人。

跟現代相比，江戶時代的社會保障制度仍不完善，不過幕府卻公認由男性盲人組成的職業組織（公會）「當道座」為合法的自治互助組織，並認可其自治權與特權，希望幫助盲人獲得經濟獨立自主的能力。

當道座是由室町時代的琵琶法師[14]明石覺一所創，到了江戶時代，已經成為按摩針灸從業者，或彈琴、三味線等音樂從業者的同業組織。當道座不光保護盲人的利益，內部也具備教育功能，會教導年輕的盲胞。起初，當道座只有檢校、別當、勾當、座頭這四個位階，後來持續細分，總計分為七十三個階級，據說最高階的檢校社會地位極高，待遇甚至可以跟大名匹敵。

一六八〇年左右，檢校杉山和一創立了全球第一個盲人訓練學校，以供盲人習得今日許多視覺障礙者經常從事的針灸、按摩等技術。半天狗還是人類時，或許便曾以盲人身分（因為並無彈奏樂器的跡象）學習按摩、針灸的功夫。

另外，當道座的盲官位並非世襲，會視職能業績而依序升級。不過這種做法耗時極久，所以幕府也承認盲官位可以用錢買，據說從最低階爬到最高階檢校，買官位的總額超過七百兩。

為了籌集買盲官位的資金，幕府也承認當道座盲人從事一種叫作「座頭金」的借貸業。這種借貸是幕府公認的「官金」，所以擁有先於其他債務的優先權，利率高款期短，據說催收也很殘酷。過去便經常有座頭金因為牟求暴利太甚，而遭到處分的案例，可以想見這正是性格卑劣的半天狗覬覦的特權。

順帶一提，日本幕末德川家大臣、政治家勝海舟，他的祖父也是盲人。勝海舟的祖父在當道座習得針灸等技術以後，又靠著高利貸致富、當上檢校，最後買下了旗本[15]的家世，他的子孫才搖身一變成了幕府大臣。

14 編按：「琵琶法師」是從平安時代開始出現的盲人僧侶，由於會在街邊彈奏琵琶而得名，可以看作是以彈奏琵琶為業的目盲藝人。僧侶之所以會彈奏琵琶，源自於「妙音成佛」的日本佛教宗派思想，以及方便傳播佛教經文。到了鎌倉時代，一些琵琶法師也開始傳唱《平家物語》等，逐漸成為一種說唱藝術。（詳細內容可參考下一章節〈鳴女〉。）

15 譯注：「旗本」是中世紀到近代日本武士的一種身分，一般是指江戶時代未滿一萬石但有資格在將軍出場的儀式上出現，御目見以上的德川將軍家直屬家臣團。買下旗本家世則是指靠著借貸等關係，把兒子過繼給對方，以取得家世名銜。

明治維新以後，這些盲人特權制度就不復存在了。《鬼滅》故事發生的大正時代，世人雖然對盲人的教育、福利有更進一步的討論，不過明治以後富國強兵的思想仍占主流，整體來說，是個對身體障礙者並不友善的時代。

鳴女：琵琶的歷史與女性琵琶師

鳴女——初登場時是鬼舞辻無慘的心腹，後來成為了上弦之肆，她從何時開始效忠無慘、人類時代又有何種過去，仍不得而知，但不少人應該會因為她彈奏琵琶而連想到「琵琶法師」。

琵琶法師由來已久，奈良時代便有「盲僧琵琶」，是由盲眼僧人組成的團體，彈奏宗教音樂。到了平安時代，相傳仁明天皇的皇子人康親王失明後出家，隱居在京都的山科地區，當時便召集盲人在此傳授琵琶等技藝。

琵琶法師的能見度空前提高，則要到了鎌倉室町時期。琵琶法師彈唱「盛者必衰，諸行無常」道理的《平家物語》在當時大受歡迎。而在〈半天狗〉章節中，也有介紹過的「當道座」開山祖師明石覺一，也寫成了「覺一本」的《平家物語》，這個版本被後世奉為圭臬，更造成轟動。

以琵琶演唱《平家物語》的演奏方式，又稱為「平曲」。也因為這樣，琵琶音樂後來分成了兩大類，專門講述平曲的「平家琵琶」，以及前面提到主要唱誦經文的「盲僧琵琶」兩種。

據說全盛時期，光是京都的琵琶法師便有五百人之多。不過進入江戶時期以後，當道座的平曲和琵琶開始轉趨衰敗，此後，日本的樂器逐漸改以三味線、琴、胡弓為主。另外，當道座是男性盲人的組織，當時並沒有女性的琵琶法師，演奏音樂為生的女性盲人稱作「瞽女」，彈的都是三味線或琴，而不是琵琶。

明治中期以後「筑前琵琶」出現。筑前琵琶深受三味線音樂影響，又擺脫了盲僧琵琶的宗教性，使琵琶不再是盲人專屬，一般女性也可以學習，因而成為女性在家中彈奏的音樂。更有福岡藩士之女吉田竹子因彈奏筑前琵琶聲名大噪（並在伊藤博文等人的幫助下前進東京），使筑前琵琶以「近代琵琶樂」的定位，在明治、大正時期傳遍全日本。

另外，「薩摩琵琶」本是戰國時代為培養武士的音樂素養而生，歷史遠比筑前琵琶更加古老。而無獨有偶，明治、大正時期也有一名集俊美、美聲於一身的著名演奏者永田錦心橫空出世。《鬼滅》故事發生的大正時期，琵琶風潮正來到顛峰。錦心之後還有天才美少女水藤錦穰崛起，於大正十五年（一九二六年）開發出女性專用的「錦琵琶」，琵琶因此被視為女性出嫁前要學習的技術，在當時很受重視。

鳴女是否目盲不得而知，不過彈奏琵琶的鳴女遞補了「偽裝成盲人」的半天狗的空缺，成為上弦之肆，倒是令人感到格外諷刺。

大正時代的長男：繼承者的責任

「我拚命忍著劇烈的疼痛，因為我是長男，所以我很能忍耐。如果我是次男的話，可能就忍受不了。」「我是長男……長男！」

響凱一役時，負傷的炭治郎之所以能鼓舞自己堅持下去，全憑「自己是長男」的這個強烈自我意識。支撐炭治郎不致洩氣的「長男」思想，究竟在大正時代是什麼樣子的呢？

要討論大正時代的長男制度，就必須提到已在〈甘露寺蜜璃〉章節中介紹過的家制度和戶主制度。根據明治三十一年（一八九八年）實施的民法及戶籍法，能夠成為一個家的絕對領導者「戶主」的人，原則上只有家中長男。

戶主以「家督」這個身分，繼承家中所有財產與家業，相對也必須背負家族全員的扶養義務，以及使家督得以存續。另外有別於現代，當時原則上並不允許放棄家督繼承權，所以一旦生為戶主的長男，自幼就要背負（次男完全無法比擬的）對家人、家業的莫大責任和壓力。

法律又明確規定無論年齡，男子繼承家督的順位高於女子，戶主應該由長男而非姊姊繼承。產屋敷耀哉自爆時，把兩個姊姊一起炸死，只留下唯一的男子（長男）輝利哉，正是因為輝利哉必須繼承家督。宇髓家是七姊弟，家督繼承者照理說應該是天元。相反的，甘露寺蜜璃家裡是五姊弟，既然家中還有男孩子，那麼蜜璃理應無權繼承家督，而這也是為何她可以爭取憑自身意志擇偶結婚。

除戶主死亡以外，戶主提出隱居申請時，也會啟動家督繼承程序。好比煉獄杏壽郎就應該是從已經隱居的槇壽郎手中，繼承了煉獄家的家督。炭治郎之所以特別仰慕杏壽郎，或許部分也是因為炭治郎同樣因父親過世，必須早早繼承家督，兩人境遇相似的緣故。除了要延續製炭職人的工作，更重要的是要傳承「火之神神樂」這種數百年來一子相傳的舞（也就是家業），可說是極大的責任。炭治郎似乎對天元也抱持著對杏壽郎類似的敬意，但對同是長男的不死川實彌，卻好像不怎麼尊敬，其中固然有玄彌和禰豆子等事件的因素存在，不過肯定跟對方是否肩負家業榮衰的重任也有關係。炭治郎當初會極反常地激烈痛斥半天狗：「不要逃避責任啊！」或許也是因為一直以來，他都是必須面對責任的長男、家督繼承者的緣故。

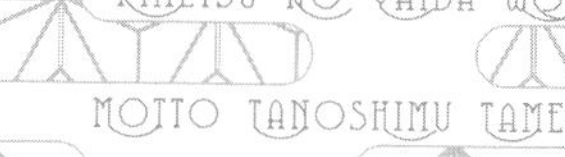

MOTTO TANOSHIMU TAMENO

TAISHOJIDAI BINRAN

第二章

大正時代的服飾

承襲明治時代和服、洋裝開始轉換的時期，大正時代獨特的「和洋折衷」風格也確實反映在《鬼滅》人物的穿著打扮上。

鬼殺隊時尚：隊服篇

日本軍服的雛型取自法國

鬼殺隊的隊服，應該是以俗稱「學蘭」[1]的學生服為基礎而設計，也就是當時軍隊、警察的制服。

江戶時代末期黑船來航，向日本人展示了歐美列強的強大國力，使江戶幕府深深感受到近代化的必要性。軍備自然是重中之重，於是幕府便從法國聘請了顧問團來替武士進行近代化的軍事訓練。江戶幕府被打倒以後，明治新政府沿襲先例，同樣仍以法國軍制為範本建軍，使得日本軍早期的軍服中呈現出許多來自法國的元素。後來，隨德國在國際社會的角色愈顯重要，日本軍服也幾次添加了德國元素，終於發展成日本特有的樣式。

大正時代，唯有軍人和警官才能帶刀；鬼殺隊是不受政府承認的組織，隊員自然不可能明目張膽地舞刀弄劍。事實上，像伊之助那樣堂而皇之在腰間配刀就想直接乘搭火車，可是會被火車站人員糾舉的。

禁止帶刀的禁令，來自明治九年（一八七六年）頒布的廢刀令（又稱帶刀禁止令）。由於頒布前其實早已禁止一般人帶刀，一般認為這部禁令的主要意圖在於抑制士族的特權。廢刀令只禁止配刀行走，並沒有禁止持有。江戶時代太平日久，刀已經不再是武器，而是一種身分象徵；一旦禁止帶刀，就無法彰顯身分，那麼持有也就失去了意義，士族會強烈反彈可想而知。

同年，部分舊肥後藩士不滿政府廢刀令等一連串打壓士族的措施，而在熊本武裝起義，史稱神風連之亂。這次叛亂雖短短一天便遭到鎮壓，卻陸續有不滿分子先後於福岡、山口等地掀起叛亂遙相呼應，這才漸漸演變成殃及全日本的西南戰爭。

裙子的引進

鬼殺隊有部分女性隊員，上半身穿的是跟男隊員相同的學蘭服，下半身則是穿裙子。

過去西洋也認為露腿並不體面，因此通常都是穿下襬與腳踝齊平的長裙，以和服為主流的日本也是同樣的狀況。

十九世紀末期，歐美的女性解放運動開始興起，使得裙襬的長度也在一戰結束的二十世紀初期以後愈變愈短。等到膝下裙問世，日本已是大正時代末期，也就是要比《鬼滅》的故事稍晚。

大正時代當時，男性西服已經從社會人士普及至一般大眾，女性卻仍以和服為主。當時的女性雜誌便曾針對穿著洋裝與否展開論戰，可見穿著洋裝又穿裙的鬼殺女隊員服裝，在當時可說是相當特殊。

提到女性制服，最具代表性的非水手服莫屬。正如其名，水手服是由英國海軍制服演變而來，大正九年（一九二〇年）首度被京都的女子學校採用為制服；而且當時的水手服並非今日常見的上下兩件式，而是連身式。這種西洋的時髦穿著大受歡迎，從此遂以名校為中心，受到廣泛採用。

《鬼滅》中畫到的迷你裙，則是第二次世界大戰以後，一九六〇年美國女性解放運動（women's liberation movement）的產物，跟《鬼滅》的時代背景稍有齟齬，可能是隊員出於習慣或是方便運動而自行修改成短裙的。

一度僅限男性專用的羽織

鬼殺隊隊員穿在隊服外面的外罩叫作「羽織」。羽織源自武將在戰爭中穿用的「陣羽織」，衣襬比普通衣服略短，基本上是加在和服上穿的。

羽織一直以來都是男性的服裝，女性穿羽織，據說始於江戶時代的藝伎。從事藝能的女性，她們的男裝打扮往往會掀起一股時尚風潮，這也可以說是日本自古以來的傳統，例如平安、鎌倉時代的白拍子[2]，還有被世人奉為歌舞伎之祖的出雲阿國等。不過後來江戶幕府曾以恐有擾亂風紀之虞，一度禁止女性穿羽織。

明治時代以後，禁令不再，羽織愈發普及，就連女性也將羽織當成外出服裝。大正時代拍攝的許多舊照片當中，便拍到有許多女學生穿著羽織去上學。《鬼滅》中也可以看到蟲柱胡蝶忍穿的蝴蝶翅膀圖樣的羽織，戀柱甘露寺蜜璃也身穿衣襬較短的羽織。

鄉巴佬的標誌？紅披肩

炎柱煉獄杏壽郎和栗花落香奈乎身上披的並非羽織，而是種斗篷形狀的布。儘管並非紅色，外形卻酷似一種名為「紅披肩」（赤ゲット）的衣物。

正如字面，紅披肩是條紅色的編織物，自幕府末期由英國貿易商首次輸入日本，至戊辰戰爭時期已經被當成禦寒衣物使用。

紅披肩於明治時代普及到民間，但風潮褪去以後，慢慢變成一種趕不上流行的打扮，終於淪落為初次來到繁華都會的「鄉巴佬」代名詞。

一般人的禦寒道具

這個時代，也會為了保暖而在洋裝或和服之上多添一件衣服，其中又以一種叫作「二重回」（二重回し）的外套較具代表性。

這種男用外套是根據蘇格蘭的寬肩翻領大衣（inverness coat）改良而成，衣身無袖、肩膀處則有像斗篷形狀的第二層外罩，又因為輪廓類似鳶鳥，也稱作「鳶」。

儘管西洋服飾已成為正式場合的固定穿著，不過這個時代的男性還是很喜歡在私人場合穿和服。也因為這樣，不妨礙和服衣袖的二重回在寒冷時節就成了受歡迎的保暖衣物。時至今日，穿二重回的人已經不多，不過偶爾還是能在日本古董舊衣店發現其蹤跡。

女性使用的圍巾、披巾、披肩等也在此時獲得長足的發展。原先專為輸出海外而製造的梭織、針織等布料逐漸轉向日本國內市場，還出現各種素材、造形的披巾在日本女性的頸脖間爭奇鬥妍。

歷史短得出人意料的打毛線

故事開頭，正要出門賣炭的炭治郎，脖子上圍著看起來像用毛線織成的圍巾。

打毛線如今已是項相當常見的興趣嗜好，每每入冬，手藝店就會擺出各種顏色的毛線，但其實在日本，織毛線這種技術要到明治時代末期才較為普及，歷史其實出乎意料地短，而且進入大正時代不久就一度沒落，直到十幾年後的大正末期才又再次流行。

（假設手鬼的記憶和發言沒有錯的話，）《鬼滅》故事初篇正是年號改為大正後不久，這麼說來，那時正值打毛線退燒的時期。

如果炭治郎脖子上那條圍巾是別人親手打的，那麼難道是誰不顧世間流行的變化，仍一針一線默默為重要的人編織的？實在令人止不住無限想像。

1 譯注：學蘭（学ラン），學生用蘭服的簡稱。從前日本鎖國時代只能與荷蘭一國通商，使得荷蘭幾乎等同於西洋，也才會有「西洋學生服＝學生用蘭服＝學蘭」這樣的用語。

2 編按：白拍子（しらびょうし），平安、鎌倉時代興起的一種歌舞，通常是由女性歌者扮男裝（頭戴立烏帽子，身穿白色的水干）。

鬼殺隊時尚：鞋襪篇

鬼殺隊的鞋履

進入鬼殺隊以後，隊員會配給到隊服，而隊服的基本形式是學蘭上衣搭配長褲或裙子。鬼殺隊對羽織上的圖案似乎沒有特別規定，一些柱也透過些相當花俏的羽織來強調個人特色。從中我們可以看出產屋敷耀哉很接地氣的一面：只要能殺鬼，想怎麼打扮都行。

隊員腳上穿的幾乎清一色是草鞋，但也有像香奈乎這樣的例外，所以可以推測穿什麼鞋並沒有硬性規定，而是由個人自行判斷怎麼穿比較便於行動，結果發現眾人選擇的結果大致類似，自然而然形成這種相當統一的穿著。只要不會妨礙到任務執行，搞不好赤腳其實也是可以的。以下配合從前各種鞋履的解說，看看鬼殺隊腳上都穿些什麼。

日本傳統鞋履原則上均為稻草製作

竈門炭治郎、禰豆子兄妹穿的是草鞋（わらじ），是種用稻草編成的日本傳統鞋履。

草鞋和草履（ぞうり）兩者均是由貼合腳底板的扁平鞋板搭配鞋繩構成，通常兩者都是稻草材質。那麼究竟什麼是草鞋，什麼是草履呢？兩者差別就在於「鞋繩的長短」。

草鞋為方便長距離移動，所以鞋繩較長，可以繞到腳跟後方固定住腳踝；相對地草履只是用腳趾夾住繩頭，所以鞋繩只須延伸至腳板兩側即可，定位比較類似今日「到附近買個東西」穿的涼鞋。而我們在第一話當中也可以看到，炭治郎與竈門一家人在積雪中都穿著狀似長靴的稻草鞋（藁靴）。稻草是稻米的副產品，每年都可以取得，在當時可是做鞋子、製作各種日用品的重要材料。

鬼殺隊的綁腿千人千面

接著我們可以看到離家的兄妹兩人，小腿上打著綁腿，也叫作脛巾。

綁腿基本上是一塊大方巾，上下各有一條繩子。旅行等長距離移動時，或在野外工作時可以保護小腿、避免髒汙以及防止絆到褲腳。

我們可以發現包含柱，「草鞋＋綁腿」可說是鬼殺隊腳上的基本配置，而綁腿同樣可以藉由顏色、圖案或形狀來彰顯隊員個人特色。就讓我們看看本篇故事中的可確認範圍內，有些什麼樣的綁腿。

●與羽織相同圖案的綁腿（一片大方巾）

胡蝶忍：蝶翅圖案

煉獄杏壽郎：火焰漸層

我妻善逸：鱗文樣[3]

其他非隊員者，也有竈門禰豆子和鱗瀧左近次等人是使用素色綁腿（一片大方巾）搭配草鞋。

●簡單的纏式綁腿（一片長布條）

伊黑小芭內

悲鳴嶼行冥

宇髄天元

狀似繃帶、長布條的綁腿，稱為纏式綁腿（gaiters）。

英語「gaiters」本指如襪套一般的護腿，日本盔甲中也會使用這樣的護腿。但由於舊日本軍士兵綮綁腿的形象太過深刻，連帶使得「gaiters」在日本也指纏式綁腿。

以上三人便屬此類。其中伊黑小芭內身為蛇柱，使用這種纏式綁腿再適合不過。其他像在那田蜘蛛山登場的低階武士，也都使用纏式綁腿。

而纏式綁腿又有幾種不同變化。

變形纏式綁腿

「變形纏式綁腿」並非正式名稱（也壓根就沒有正式名稱），只因它的形狀跟現實世界的纏式綁腿大相逕庭，姑且如此稱呼。

●帶釦的數條長巾

竈門炭治郎

富岡義勇

這兩人的綁腿應是長巾數條，並附有釦具，類似足袋上的釦具「甲馳」。不死川實彌則擁有更前衛的綁腿造型。他的綁腿帶有多個類似皮帶釦的金屬，不禁讓人連想到拘束衣。

最後，最頂級的便是……獸皮！

誰綁獸皮當綁腿相信已無須說明，正是嘴平伊之助。其綁腿想必跟頭套一樣，都是用山豬的毛皮製成。

既然頭套是取自撫養他長大的山豬，可以猜想他穿的綁腿和腰巾也同樣是山豬父母的遺物，可是故事裡並未提及，所以實際情況不得而知，甚至也沒有資訊指出這些毛皮都來自同一頭山豬；也有可能那些並非山豬毛皮，而是他在山裡獵到的熊皮等其他獸皮……究竟是哪種毛皮，還是要摸摸看才知道。

不打綁腿的隊員

九柱之中，有兩人穿草鞋但不打綁腿，那便是時透無一郎與甘露寺蜜璃兩人。

無一郎身穿一般的袴（褲裙），下襬保持開放，並未收束。綁腿的用意在於避免褲腳妨礙行動，如果真有實力，大可不必使用綁腿；而且遮住小腿也可以避免他人察覺接下來的動作或出招時機。但話說回來，按照時一郎的脾性，搞不好他壓根就沒想那麼多。

甘露寺蜜璃則是穿著若草色長襪，放在現代便是所謂的膝上襪，是伊黑小芭內贈送的。跟無一郎不同，她穿著迷你短裙，所以並沒有裙襬會妨礙行動的顧慮。蜜璃的肌肉密度是常人的八倍，就算隊服被砍破身體往往不見損傷，似乎也沒有非保護不可的必要。那雙長襪雖然是小芭內贈送，因為不忍見到蜜璃的大小腿裸露在外感到害羞，但搞不好他只是不想讓別人看蜜璃的腿。

不死川的弟弟，也就是不死川玄彌，則是穿短靴，下半身穿的也是窄管長褲而不是袴，可以說是打扮得最時髦的一個。另外，栗花落香奈乎則是穿白色綁帶長靴，顏色與斗篷一致。身為鬼殺隊前輩的柱，每個人都穿草鞋，新一代的玄彌和香奈乎穿的卻是洋鞋，讓人深深感受到世代間的差異。

襪子的歷史

一般認為，襪子是十六、十七世紀經由南蠻貿易（葡萄牙、西班牙）引進日本的。「針織」一詞，過去日文會以「メリヤス（me ri ya su）」稱之，源自葡萄牙語或西班牙語的「襪子」一詞（meias/medias）。當初日本便將襪子稱作「針織足袋」，就可以知道針織和襪子是同時傳入日本的。

日本現存最古老的襪子，是從前水戶光圀穿過的襪子。據說從前武士手頭緊也會織襪子來賣，不過民眾廣泛穿著襪子，仍要等到洋裝普及以後。而製作襪子在明治三年（一八七〇年）以後才被工業化，由下野（現在的栃木縣）佐野藩士的企業家西村勝三最早引進自動編織機。

蜜璃穿的膝上襪，在大正時代並不普遍，而且比較像是褲襪而非襪子。

說起褲襪，應該是源自近世的歐洲貴族，當初還是男性穿用的服飾。

一九三五年美國發明尼龍以前，褲襪長期都是以蠶絲手工編製而成，理所當然是超高級的用品，就算稍有脫線也不會馬上丟棄，還會拿去給專業工匠修補。

高度及腰的褲襪則要到昭和時代以後才引進日本，在那之前，人們都是利用吊帶來防止褲襪滑落。

3 譯注：鱗文樣，由正三角形或等邊三角形重複排列而成的圖騰，這類傳統圖樣在世界各地都可以見到，因圖騰本身似魚鱗而得其名。鱗文樣可以連想到蛇或蝴蝶，因此又意味著脫皮、擺脫厄運再生之意，自江戶時代起成為消除厄運的圖像。

羽織、和服的圖案與涵意

市松模様源自歌舞伎演員

炭治郎的羽織圖案是黑綠相間的市松模様（棋盤格）。

市松模様就是指兩種顏色的正方形交互排列，算是一種方格圖案，也稱作「石疊」或「霰」，是日本古老的傳統圖案，使用相當頻繁。但把這種圖案叫作「市松」則是江戶時代中期以後的事，來自當時的歌舞伎演員佐野川市松。

俊美的市松是當時的當紅明星，據說他在劇目《心中萬年草》（又名《高野山心中》）中扮演粂之助一角時身穿方格圖案的袴衣，才被稱作「市松模様」，時至今日已約定俗成。另外，也有人認為日本最具代表性的人偶「市松人形」，同樣源自於佐野川市松。

市松模様這種圖案可以往上下左右各個方向無限延伸，因此也成為象徵多子多孫、生意繁榮的吉利圖案。

除炭治郎的羽織以外，禰豆子的腰帶也是市松模樣，看來竈門家族似乎習慣在身上許多部位使用這個圖樣。

麻葉隱含的祈願

追擊竈門兄妹的鬼舞辻無慘曾告訴上弦之陸墮姬，禰豆子是個穿著「麻葉模樣和服」的女孩。禰豆子未必永遠都穿同一件衣服，萬一換了衣服那墮姬該怎麼辦？再說墮姬還有點脫線，一下子沒注意到也不是沒有可能。

禰豆子似乎打從嬰兒時期就穿麻葉模樣的衣服。雖不知是出於體恤兄長或真心實話，有次炭治郎回憶到自己說要買新衣服相贈，禰豆子卻拒絕，說自己很喜歡這套衣服，縫縫補補仍捨不得丟。

所謂「麻葉模樣」，是一種正六角形圍著放射狀星芒的圖案，按固定規律延伸排列。日本自古便有選用麻葉模樣作為新生兒衣服的傳統。

麻的生長極快，短時間內便能從一米長到三米高。就連忍者也會利用麻的這項特質，透過種植麻以提升自身的運動能力。只要持續練習跳過天天都會長高的麻葉，過不久就能培養出驚人的跳躍力。

日本還有句諺語叫作「蓬生麻中」，來自中國經典[4]，意思是將植物栽種在筆直生長的麻葉中，就算是雜亂的蓬草也會長得又高又直，不會彎曲。因為這則典故，麻葉模樣也隱含了保佑孩童健康成長的心願。

善逸的羽織圖樣是什麼名堂？

我妻善逸的羽織圖樣跟培育者「爺爺」桑島慈悟郎的是同款不同色。羽織上的三角形圖案看起來各自分散，但仔細看卻能發現三角形都指向相同的方向，跟鱗文樣頗相似。

鎌倉時代，掌權的北条氏傳說曾受到龍化身的女神祝福，遂以三片龍鱗作為家紋。由此可知鱗文樣是從龍鱗而來，有子孫繁榮、消災除厄的含意。

善逸的師父、鳴柱桑島慈悟郎使用的是雷之呼吸；善逸自己也是遭雷擊而變成金髮。兩人跟雷的關係如此密切，所以羽織圖樣應該就是象徵龍的鱗文樣不會有錯。

富岡義勇的羽織圖案

水柱富岡義勇所穿的羽織，是兩種布料對半拼接的和服，稱作「片身替」。

從前布料是貴重物品，衣服即便勾壞、磨破也不能輕易丟棄，通常會從幾套舊衣服中選擇比較完整的部位拼接、重新染成一件衣服，又或者是把破損的衣服修改成其他衣物。片身替其實可以說是沒辦法隨意做新衣服的庶民生活智慧。

桃山時代以後，商人的新興勢力崛起，孕育出絢爛豪華的桃山文化。原本是節約技巧的片身替，搖身一變成為時尚元素，甚至被用在豪華的能劇裝扮以及陶器圖案中。這種庶民巧思被上流階級吸收，進而普及開來的過程，實在很有意思。

義勇的羽織左半邊的圖形比較特別，像是由許多立方體重疊、排列而成。據說這是作者原創的圖案，總體來說也可以視為龜甲紋類型中「疊龜甲」（重ね亀甲）的變形。

「千年鶴，萬年龜。」烏龜自古以來便是象徵長壽的生物，而且烏龜確實也頗為長壽，寵物店常見的綠龜（赤耳龜）壽命便可達三十年之久。

因為這樣，祈求健康長壽的吉利文樣「龜甲紋」自古便廣受喜愛。從最簡單的六角形幾何排列圖案，到中間另繪其他文樣、重疊兩層甚至三層的複雜圖案，龜甲紋衍生出五花八門的變化圖案。

而這個圖案，恰巧跟鱗瀧左近次的另一名弟子、後來現身引導炭治郎的少年——錆兔的衣服相同。錆兔與義勇同時入隊，兩人也是摯友。為了救義勇等人，錆兔在選拔考試中獨自對抗鬼，終致殞命。義勇羽織的左半身，便是在紀念錆兔。

至於海老茶色（深紅棕色）的素色右半身，則是與義勇的姊姊蔦子的羽織同色，也是對姊姊的紀念。換句話說，富岡義勇是用自己的左右兩肩，扛著對至親的思念。

這便是向來沉默寡言的富岡義勇，最嘹亮的宣示吧。

條紋文様有何象徵？

蛇柱伊黑小芭內的羽織是條紋圖案，黑白相間粗條紋看起來還頗討人喜歡。

「條紋模樣」（縞模樣）在日本也是個相當大眾的造形，可以透過調整條紋粗細、顏色等元素任意變化，衍生出無數圖案。

日本通常會將直條紋稱作「stripe」，將橫條紋稱作「border」，其實無論直或橫（其實斜的也是）的英文都是 stripe；至於 border 原本是邊緣或界線的意思，去到國外跟人說橫條紋叫 border 可是說不通的。

過去，基督教文化圈曾將條紋視為不祥，也因為這樣，條紋圖案長期被視為罪犯甚至社會底層階級者的象徵。從這裡我們可以連想到小芭內幼年時期被軟禁於座敷牢的過去，雖說小芭內遭囚禁並不是因為犯了什麼過錯。隨著時代變遷，條紋文樣的負面形象逐漸淡去，至今已然是休閒風格的重要元素，早已擺脫了非法之徒的既有形象。

日本雖然沒有「條紋＝不好的事物」的概念，不過猗窩座從前遭處墨刑時刺在手腕的刺青，也可以說是在條紋的範疇之內。

4 譯注：出自《荀子．勸學》：「蓬生麻中，不扶而直；白沙在涅，與之俱黑。」

大正時代的和服與西服

近代化與著西服的日本人

為求早日與歐美諸國平起平坐，日本自開國以來便持續推動急速的近代化，服裝也是如此。依循政府的指示，西式服裝很快便全面滲透至社會許多階層，例如官吏、軍隊到郵局、鐵路等公營機關的制服，甚至部分民間公司的上班族也開始穿上西式服裝。

大正五年（一九一六年）當時，從西裝、大衣、襯衫，再加上內衣、領帶等小配件，整套準備起來據說每年須花費約六十到七十日圓的治裝維持費。西裝大概每三到四年就要換新一套，在當時應是筆相當沉重的支出。

或許因為這個緣故，成年男性鎮日穿著西裝也會感到渾身不自在。所以當時，一家之主回到家通常會先換上和服，才能放鬆休息。想想一些日本動畫中的父親一角，相信就很清楚了。正式場合穿西裝，私人場合穿和服，當時男性便已經懂得看場合來選擇要穿和服或西服。

另一方面，絕大多數的女性則仍身穿和服，頂多只有極少數上流階級會在儀式等重要場合穿洋裝而已。炭治郎在淺草遇到鬼舞辻無慘時，與無慘同行的成年女性與女孩子穿的正是洋裝，那在當時其實是相當前衛、時髦的穿著。

男女在服裝西化上的差距，其實相當於男女參與社會活動的程度差距，而這個差距從明治到昭和中期為止一直沒有太大變化。社會整體氛圍雖然如此，大正時代卻逐漸有女性選擇就業，進入社會，穿洋裝的女性也就隨之緩緩增加。

大正時代的服飾特徵

從幕末到明治這段期間，一般人的衣服圖案有愈來愈大的趨勢。受到二十世紀末歐洲流行的新藝術運動[5]影響，此時開始有許多以西洋花朵為主題、前所未見的嶄新圖案出現。色彩也隨著染色技術的進步而較明治初期更加鮮豔，繽紛的配色愈來愈

多，使得市面上充斥許多色彩華麗有如千代紙[6]一般的豔麗服飾。現在許多古著店、古董店裡找得到的舊服飾，不少都是這個時代流通的產品。

日本特有的割烹著

珠世從事研究與醫療活動時，會在衣服外面罩上一件純白色圍裙。這種衣服稱作「割烹著」（割烹着），是日本特有的服裝。

在割烹著出現之前，女性做家事、煮飯時是用一種叫作「襷」（たすき）的繩子把衣袖給束起來。割烹著非但可以遮蔽身體正面，而且還有袖子，可以防止弄髒衣服又便於活動，是種非常方便的衣服。

割烹著是何時、何人發明的並無定論，可以確定的是明治時代中期至後期的料理學校便已有使用，到了大正時代更進入了一般家庭。

書生打扮

愈史郎就是被珠世變成鬼以後，從此與她形影不離的青年。他稱呼珠世為大人，就連每次呼吸都要讚頌珠世的美麗，簡直就是女神的崇拜者。

愈史郎平時上半身穿和服、下半身穿袴（日式褲裙），唯獨裡面穿的卻是西式的襯衫。夏目漱石小說《少爺》的主角便是這樣的穿著，這可是明治大正時期最具代表性的和洋折衷打扮，俗稱書生打扮，直到今日仍是個重要的時尚指標。

「書生」本是學生的同意詞，當時主要是指從鄉下來到都市、借住在親戚朋友家來上學或考試的學生；後來除學生以外，懷抱壯志來到大都市的人也都可以這樣稱呼。有些富裕人家也會積極為這些書生提供支援、贊助，直到他們出社會以後仍會長期維持密切關係。

女學生的大正浪漫

當時的女學生服裝，同樣也是以和服搭配袴為主流，不同的是她們不會在裡面穿襯衫，而是純和風的打扮。現在日本的畢業典禮也經常可以看到這種裝扮。女學生會在外面多套一件羽織，並用包袱巾包著教科書等用具上學。

電話接線生等當時的職業女性也大多是穿和服加袴。部分女子學校為方便識別，會在袴的下襬額外添加線條，或是要求學生佩戴徽章。而所謂識別用的徽章，就是一條帶釦的皮帶，繫在袴的腰間部分以示學生身分。對學生來說，代表學校的徽章是自覺與驕傲的象徵，不少學校即便把制服改成西式，也會保留徽章的設計。

另外，女學生對袴的腰帶綁法也很講究，據說有的班級還會模仿新老師的腰帶綁法。

人生漫漫，學生時代不過一眨眼。數年的短暫時光，女學生們仍費心建立自己的獨特文化，歌頌無可取代的青春。

想不到吧？韻律體操服的祕密

《鬼滅》作品中「最不可能出現在大正時代的服裝」排行榜之首，如果不是十二鬼月上弦之陸墮姬的服裝，肯定就是在甘露寺家中進行「柱訓練」時，隊員們穿的韻律體操服了。

墮姬能夠任意變幻外觀，若說那種比基尼式的服裝是她的本體可能還說得過去，但大正時代真有像韻律體操服那樣，把身體曲線一清二楚全部呈現出來的服裝嗎？

答案其實是有的。據說韻律體操服源於十九世紀法國著名的雜技演員朱爾斯．勒奧塔德（Jules Leotard）表演高空鞦韆穿的服裝，選擇這種服裝除了方便做出各種動作外，同時還能充分展現表演者的身體美。從當時的照片可以看到，勒奧塔德其實是先穿一種「全身緊身衣」把全身上下包裹起來，再另穿一件類似燈籠褲的短褲，跟現代的韻律體操服不太相同。

即便如此，以當時的眼光來看，這套服裝也相當驚世駭俗。日語「韻律體操服」（レオタード／re o tā do）一詞便是來自勒奧塔德的大名。

日本首次有大規模的馬戲團演出，正好是勒奧塔德活躍的十九世紀中期，橫濱港開港不久，便有美國的馬戲團來日公演。若以時代來看，那時還是江戶時代呢。如果說蜜璃發現了韻律體操服這種服裝，並因其便於活動而決定用作為訓練服裝，倒也在情理之中。

5 譯注：新藝術運動（Art Nouveau）是在歐美廣泛發展的裝飾藝術運動，始於一八八〇年代，並於一八九〇年至一九一〇年達到頂峰，可說是大眾文化最高點的藝術與設計風格。

6 譯注：「千代紙」，傳統和紙的一種，呈正方形，圖案通常華麗而鮮豔。有一說是起源於京都。

首飾的歷史

消失的日本首飾

圖案類似花牌的耳環、紅色頭髮、額頭上的傷痕，這些是炭治郎的正字標記。

雖說無論古今，男性配戴耳環都不是普遍習慣，不過耳針式耳環、夾式耳環、項鍊、手鐲等，其實都是日本古代就有的飾品。然而人們普遍穿戴飾品，卻是很久很久以前的事了，要追溯到繩文（前一萬兩千年～前四世紀）和彌生時代（前四世紀～三世紀中期）。而且當時的耳針式耳環也並非像現代的如此精美纖細，而是相當粗大的陶土器。首先拿骨頭等材質磨成針，在耳朵上開個小洞，然後從小耳環逐漸升級到大耳環，慢慢把耳洞擴大。

誰能料到，此類首飾後來卻在日本消失不見了。

首飾為何消失有很多說法，但日本人以和服為民族服裝是個相當重要的原因。項鍊、吊飾之類的首飾，並不適合日本和服這種合襟的服裝形式。

平安時代到戰國時代，由於世局動盪不穩，再加上當時審美觀念偏好女性將頭髮放下而不結髮，以致耳飾等飾品並不發達，最終才造成了首飾長期缺席的結果。

點綴日本髮型的髮飾以及西洋首飾

但首飾缺席的情況，在江戶時代以後開始起了變化。

只要世道太平，人們自然就能享受打扮之樂。另外，此時女性盛行結髮為髻，使髮簪、梳子等髮飾快速發展，甚至孕育出為數眾多的藝術品。

儘管男性配戴耳飾並未隨著時代的更迭而出現，但男性也絕非裝飾品的絕緣體。不少男性也懂得利用攜帶菸草等物的「根付」（類似現代的隨身吊袋）、和服腰帶釦等小配件，為其賦予設計巧思、突顯個人風格。

西洋風格的首飾傳入日本，同樣也在明治時代前後。例如現在非常普遍的「交換結婚戒指」的習慣，便是從明治末期傳入，至大正時代便已滲透進民間。

髮型西洋化的男女差異及結髮的發展

明治四年（一八七一年）明治新政府頒布了「斷髮令」（正式名稱為「散髮脫刀令」）。此布告並非強制人民斷髮、禁止梳髮髻，而是旨在宣告人們可以自由選擇髮型。

其實早在政令頒布以前，便有許多男性剪去了髮髻，改為短髮造型。當時便有歌曲唱道：「敲敲散髮頭，可聞文明開化聲。」

在江戶時代，人們透過髮髻的髮型，以及服裝打扮來表示身分，因此對比之下，短髮確實是象徵新時代到來的髮型。當然也有些堅決不肯剪掉髮髻的強硬派，不過這種人隨著世代交替愈來愈少。到了大正時代，男性理短髮已成為平常的既定印象。

然而女性的髮型解放，卻要到明治五年（一八七二年）四月五日，由東京府頒布「女子斷髮禁止令」，正好是明治新政府推出斷髮令的隔年。

當時世間仍然有「女性當以長髮為美」的風潮，政府也接獲許多意見，認為女性不該比照男性剪成短髮。也因為政策的推行，日本每年四月五日便命名為「剪髮日」，延續到今天。

雖說上有政令，但日式髮型的梳整、維持都很費事，遂有社會上的女性於明治十八年（一八八五年）發起了「婦人束髮會」。透過發送宣傳小冊子和各色版畫，婦人束髮會致力於啟蒙、宣導什麼才是最適合新時代女性的髮型。經過一連串的社會運動，女性開始換成遠較日式髮髻更方便整理的髮型——束髮。

在當時，「瑪格麗特」是指把頭髮向後編成一條三股辮，再把辮尾反折固定於根部的髮型；「拉吉歐卷」則是先在耳後綁兩條辮子，再分別捲成球狀的髮型；另外，還有像「耳隱」這樣，先用捲髮器把頭髮捲成波浪狀，再用髮蠟固定起來的髮型。這些美麗的髮型慢慢形成，襯托出日本女性特有、烏黑亮麗的強韌髮質。無論古代或現代，女性從來不曾片刻停止追尋新的美。

COLUMN

第四章 大正時代的飲食

雖然多是簡單帶過，不過《鬼滅之刃》也提到了各種食物，而大正時代正是現今我們熟知的許多日式餐點開枝散葉的時期。

大正時代的速食

大正時代的屋台

炭治郎與禰豆子初到東京時，震懾於大都會的喧囂，於是便來到烏龍麵的屋台（路邊攤）歇歇腳、喘口氣。屋台老闆豐先生對自家的祕傳湯頭與烏龍麵的味道有絕對的自信，唯獨個性有點頑固，但整體來說應該是個心地善良的人。

日本從中世時期便有在戶外提供飲食、販賣商品的生意型態，到江戶時代初期已經相當成熟。從挑著扁擔、四處兜售商品的「棒手振」（棒手振り），到能夠快速鋪設的臨時性店鋪，型態非常多樣。至於一般印象中，那種底下有輪子、可以拉著移動的「屋台」餐車其實要到比較晚才出現，大約是明治時代以後的事情。

屋台販賣的食品也不少，並非只有烏龍麵、蕎麥麵。江戶時代就已經有屋台販賣鰻魚、天婦羅甚至握壽司等餐點。

相對於另一個日文名詞「內店」，主要是做外送的，屋台的壽司店卻是連椅子都沒有，直接讓客人站著吃握壽司。就像現代的速食店一樣，屋台是當時最簡單、快速又方便的飲食店家。

大正時代傳至關西地區的關東煮

除了烏龍麵和蕎麥麵以外，關東煮（おでん）是另一個受人喜愛的屋台料理。

關東煮於室町時代問世，當時原本是以竹籤串著豆腐燒烤，然後沾著味噌來吃，也就是現在的「味噌田樂」。如今的「關東煮」卻是指以高湯熬煮的食材。有種說法是這種關東煮可追溯至江戶時代後期，另一種說法認為關東煮是明治時代以後才出現的產物。關東煮的誕生時間雖然各有說法，但可以確定關東煮發祥於關東，並在大正時代傳到關西。直到今天，關西仍經常將其稱作「關東炊」便可看出端倪。日本關東、關西對關東煮的調味也跟烏龍麵一樣，關東口味較重，而關西偏甜、偏淡。

由關東往關西輸出的關東煮後來又再度進化，甚至關東大地震時（一九二三年）有不少人從關西前往災區救援，以外燴形式提供關東煮給災民，對關東煮來說可謂始料未及的衣錦還鄉。

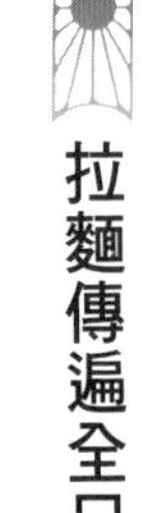

拉麵傳遍全日本

大正時代問世的各種屋台中，絕對不能忘了拉麵，只不過當時不叫拉麵，而是叫作「中華麵」（中華そば）。

幕末至明治時代期間，許多中國人來到幕府特准外國人居留的橫濱，作為洋人的僕從，並在外國人居留地的一隅形成了南京街（現在的中華街）。後來，拉麵便是在大正時代，從南京街的中華料理店向外擴散至日本全國。另外，跟拉麵關係極為密切、甚至後來成為泡麵品牌的嗩吶（チャルメラ），這項樂器其實當初並不僅限於拉麵屋台，各種商行都會吹嗩吶來招攬客人。

目前，銀座還有自大正時代便在移動、賣拉麵的屋台老店仍在營業。

要飽餐一頓就吃丼飯

第一百二十四話的首頁，畫著蛇柱伊黑小芭內和戀柱甘露寺蜜璃並肩用餐的情景，兩人面前已是堆積如山的空盤、空碗。

那些空盤、空碗肯定都是蜜璃的傑作。搞不好小芭內連眼前的茶杯都沒碰，只是默默地看著蜜璃吃。光是看到女孩子吃得如此開心，就能讓人感到幸福，更何況是自己心儀的女孩呢。

日本傳統速食：湯泡飯

蜜璃正往嘴裡送的，似乎是裝有炸蝦天婦羅的天丼。

往米飯澆上冷水或熱湯的，則叫作「水飯」或「湯泡飯」。這種吃法由來已久，早自平安時代便已存在。織田信長曾在桶狹間之役中先扒了一碗湯泡飯才出陣，也是相當有名的故事。至於「茶泡飯」則要到江戶時代，茶葉已經廣泛流通以後才出現。

湯泡飯、茶泡飯甚至淋上味噌湯的「貓飯」[1]等，這種泡飯雖然很方便，讓沒時間好好吃飯的人也能快速扒飯飽餐，其實在當時是很沒禮貌、比較粗魯的吃法。因為這個緣故，有很長一段時間泡飯都沒有正式被寫進菜單裡，直到江戶時代，急性子的江戶商人希望在短時間內快速填飽肚子，「深川飯」[2]和「鰻魚丼」等丼飯才開始慢慢普及開來。

丼飯的先驅：鰻魚丼

熱騰騰的白飯鋪上芳香可口的蒲燒鰻魚，便成了鰻魚丼。近年來鰻魚價格總是居高不下，鰻魚丼早已成了高級料理。

蒲燒鰻魚的歷史可以追溯到室町時代，不過當初是把鰻魚切成大塊、串起來燒烤，跟現在的蒲燒鰻魚不太一樣。所謂「蒲燒」，就是因為切塊成串看起來酷似植物「蒲」的穗，因而得名。

當時的鰻魚丼是用味噌和醋來調味。姑且不說味道如何，那時鰻魚丼的賣相若以今日的眼光來看，可能需要鼓起相當的勇氣才能往嘴巴裡送。而像現在這樣，將鰻魚切開成片，以醬油、味醂為基底製作沾醬調味的作法，是江戶時代以後的事情。

另外，起初米飯和鰻魚是分開來放的。據說後來是因為外送時，為避免鰻魚冷掉，就把它夾到白飯裡面，才衍生出所謂的「鰻魚飯」。

「鰻魚丼」這個名稱初見於明治時代，到了大正時代固定下來。而鰻魚蒲燒以前要先蒸過，同樣也是這個時代的發明。這道工序有助排除多餘的油脂，還能讓鰻魚吃起來更加柔軟。

展現江戶前的新鮮魚獲：天丼

天婦羅丼飯簡稱「天丼」，關於它的起源有幾種不同的說法。

最早，天婦羅本是十八世紀江戶時代屋台攤販提供的餐點，將星鰻、芝蝦、干貝等海鮮串籤油炸，定位類似今日的熱食小菜。至於蔬菜，在當時並不能算天婦羅，只能算是「炸物」而已，甚至現在還有人會把炸蔬菜叫作「素炸物」（精進揚げ）。

進入明治時代以後，原本以屋台為主的天婦羅開始有專賣的固定店鋪出現，進而演變出在大碗米飯上鋪著天婦羅的天丼。一般認為，明治七年（一八七四年）或八年（一八七五年）神田鍛冶町一間叫作「仲野」的店家，是天丼的發祥地，當時是以一碗七錢的價格販售（另有說法認為天丼源自屋台）。

這種選用江戶前新鮮魚獲製作的美味果然大受歡迎，讓店家賺得盆滿缽滿，於是又有天丼專賣店問世，而天丼也逐漸成為庶民熱愛的食物。

蕎麥麵店也開始賣天丼，則據說是大正元年（一九一二年）左右的事情。蕎麥麵店本就備有天婦羅、雞肉、雞蛋等材料，只要額外準備白飯，多賣個天丼並非難事。後來不止天婦羅，許多蕎麥麵店甚至把親子丼也都納入了菜單中。

大正五年（一九一六年）一碗天丼大概賣二十錢，而相同時期，鰻魚飯則要價四十錢（大正四年的價格），是天丼的兩倍。

牛丼與豬排丼

牛丼和豬排丼可說是肉類丼飯的雙璧。

自明治時代解除肉食的禁忌以後，日本人才開始在日常生活中吃肉。拿如今已成為日本代表性料理的壽喜燒來說，便是從當時那波肉食解禁潮流中誕生的「牛鍋」演變而成的。

現在仍有許多家庭在壽喜燒吃到最後，會往鍋裡丟白飯或烏龍麵做收尾。壽喜燒跟白飯本就是絕配，那麼拿白飯鋪上牛肉製作「牛肉飯」也是順其自然的事情。

牛肉飯是用取處理牛肉的過程中淘汰的肉筋、碎肉加蔥熬煮製作的，煮起來簡單又方便，當初憑著每碗一錢的破盤低價和好滋味廣受喜愛。明治三十二年（一八九九年）「吉野家」在日本橋開張，牛丼之名從此揚名世界。

肉食剛在日本興起時，說到「肉」一般都是指牛肉。不久甲午戰爭、日俄戰爭先後爆發，營養豐富的牛肉必須優先提供給軍隊，造成市場上牛肉供給不足。為了填補這塊缺口，豬肉才開始被注意到。

日本的豬排是以法國料理的「côtelette」[3]為基礎稍作變化，起初定位為高級料理，但傳到庶民間、普及開來以後，就被擺上碗公成了豬排丼。豬排丼又分成兩大類：醬汁豬排丼和滑蛋豬排丼。所謂醬汁豬排丼就是把豬排擺在白飯上面，然後淋上醬汁使其滲透豬排甚至米飯，至於其醬汁也有一般的醬汁跟味噌口味等諸多變化。

醬汁豬排丼的起源有許多說法，其中最可靠的說法是從德國留學回來的廚師高畠增太郎在東京早稻田開了一家餐廳「歐羅巴軒」（ヨーロッパ軒，也有譯作歐洲軒），並在大正二年（一九一三年）端出了這道料理。後來高畠因為關東大地震的關係，結束了早稻田店，搬回故鄉福井重新營業，這便是為何有許多人都說福井縣是醬汁豬排丼的發祥地。

現在，日本人在考試或比賽前為了討吉利[4]，經常吃會豬排咖哩，這道料理同樣出自大正時代，據說是大正七年（一九一八年）由淺草的洋食店「河金」率先提供。另外，胡蘿蔔、洋蔥、馬鈴薯也是在這個時候固定下來，成為煮咖哩的必備配料。

1 譯注：貓飯（猫まんま），在米飯澆上味噌湯甚至撒上柴魚片，就像是要餵貓的飯，故名。

2 譯注：深川飯（深川めし），以蛤蜊、蜆等貝類加上蔥或蔬菜熬煮成湯，用湯淋飯甚至熬煮米飯的料理，又叫深川丼或蛤蜊飯。

3 譯注：英文為「Cutlet」，可譯作「炸肉排」，是指將牛、豬、雞、羊腿或羊肋骨上的肉切成薄片，裹上麵包粉油炸而成。

4 編按：炸豬排（豚カツ）的日文與「勝利」（勝つ）同音，因此有討吉利、求勝利的意涵。

大正時代的鐵路便當

鐵道旅行的必備良伴：鐵路便當

炭治郎一行人按照鎹鴉的指令搭上火車，只見炎柱煉獄杏壽郎已經提前一步坐定。人人都說餓肚子沒法打仗，他這不正津津有味地大口扒著便當嗎？一旁賣便當的姑娘們卻手忙腳亂地捧著便當空盒（第五十四話）。

明治四十五年（一九一二年），特快列車首次從新橋開到下關，當時的車程長達二十五個小時。漫長旅程中僅有的樂趣，除了車窗外的景色外，當然就是吃了。

一般認為日本第一個鐵路便當是明治十八年（一八八五年）由栃木縣宇都宮車站販售，菜色非常簡單，是用竹子皮裹著兩顆飯糰和醬菜，一份售價五錢。約莫在同一時期，日本各地的車站也紛紛推出壽司、海苔卷甚至西式的麵包、三明治等形形色色的鐵路便當。

將烤魚、煎蛋、煮物等配菜連同白飯盛在方盒中的「幕之內便當」，則據說是明治二十二年（一八八九年）在姬路車站首次發售。

吃便當就一定要配茶，在車站販賣的茶當初是以土瓶盛裝。過去，幕之內便當大概二十錢的時候，茶的售價是七錢（便當是大正八年的價格，茶則是大正九年）。從茶壺形狀的土瓶，到蓋子可以拿來當杯子用的小型水壺形狀，其間經過無數改良，開發出各種不同形狀的容器。大正時代末期，曾有一度是使用玻璃製茶瓶，可是玻璃導熱快，拿著很燙手所以評價極差，沒多久就換回原本的土瓶了。

夏目漱石小說《三四郎》中描述到，主角三四郎從行駛中的火車裡把吃完的便當盒往車窗外丟。這種不良行為固然有失三四郎的主角身分，不過隨地亂丟垃圾在當時似乎司空見慣，就連鐵路便當外層的包裝紙也印有「紙盒空瓶請置於座位底下，勿丟出窗外」字樣。看來無論從前還是現在，垃圾問題總讓人傷透腦筋。

大正時代的飲食風景

西洋料理之初

蛋包飯、炸豬排和炸蝦等，放到現在仍是人氣的必點菜色。這些所謂的「洋食」，大約是在明治時代末期到大正時代這段時間傳遍日本各地。

將西方飲食文化帶到日本來的，便是幕末至明治時代定居於幕府規定居留地的西方人。為了向這些西方人提供食材，居留地附近開始有專門生產家畜肉類和乳製品的牧場出現，並且間接推動了日本原本並不熟悉的肉食習慣。

後來，終於有「上野精養軒」和「煉瓦亭」等為日本國人提供西餐的餐廳在東京營業，只不過這些餐廳的高級料理，起初仍是以富裕的上流階級為主要客群。

愛嘗鮮的淺草人帶起庶民洋食文化

東京淺草至今仍是滿街大批觀光客。從明治到大正時代，淺草便匯聚了喜愛新鮮事物的人們，也是日本庶民文化的發源地。他們對西洋料理當然充滿興趣，可是像餐廳那種正式的店家門檻很高，總讓人鼓不起勇氣踏進店裡。

大正時代中期，淺草三文錢歌劇廳唱的〈可樂餅之歌〉其中有個版本的歌詞是這樣的：

我才說自己喜歡洋食立刻就被拉去　端上桌的卻是
牛腦牛腳牛尾巴　牛肝蛞蝓（夠了夠了）豬大腸

〈可樂餅之歌〉唱的是庶民對上流階級生活的憧憬，還有跟憧憬恰恰相反的戲謔諷刺。「洋食」固然是當時一般庶民憧憬的事物，同時卻也能發現，那些其實都是讓他們摸不著頭腦的食物。其次，住在淺草附近的許多職人也在尋找無須正裝打扮、只要穿便服就能輕鬆光顧的店家。為滿足此類市場需求，才有為庶民服務的洋食店在淺草開始營業。

原是高級料理的可樂餅與馬鈴薯

馬鈴薯做的可樂餅如今已成為日本家常菜的代表，在肉舖甚至便利商店都可以隨時買來當零食吃，也是在大正時代普及民間的眾多食物之一。

前面介紹的〈可樂餅之歌〉第一段歌詞唱到，結婚以後妻子每天端上桌的淨是可樂餅，實在令人厭煩生膩。由此可以窺見，可樂餅剛傳入日本時，是種必須在餐廳正襟危坐、慢慢品嘗的料理，又或者是家庭主婦特別去料理教室磨練廚藝，要來慰勞家人的料理。

出人意料的是，可樂餅的必備材料馬鈴薯很早就傳入了日本。在十六世紀，日本江戶時代就有馬鈴薯，不過馬鈴薯成為大眾食物卻是大正時代，北海道展開大規模栽種以後的事。

庶民的餐桌與同桌共食的習慣

明治到大正這段期間，日本人的飲食風景從上流階級開始產生極大變化。

隨著首都圈的生活模式日漸西化，不少富裕人家就連住宅也開始改採西洋建築，餐桌便是在同個時間進入日本人的生活，坐在椅子上吃飯慢慢變成固定的用餐模式。

至於長時間坐在地板上生活的庶民，餐桌仍保留濃濃的舊時氣氛。比如咖哩飯、可樂餅和豬排等洋食，庶民並非完全吃不上，卻是只有在特別節日才能吃到的好料。換句話說，當時庶民日常吃的仍是白米、糙米摻小麥煮的麥飯，再搭配味噌湯、魚乾和醬菜，吃得非常簡單，正是我們想像中古時候「和食」的模樣。

日本在近代以前，還沒有大家圍著餐桌一起吃飯的習慣，都是分開來各自用膳[5]。就好比招待鬼殺隊的紫藤花家紋之家，提供給炭治郎等人的餐點也是用膳台盛放的（第二十七話）。

像膳這樣一個一個分開來放，每個人就都能吃自己愛吃的東西了。事實上，身分較高、比較講究的人家會是主人先吃，僕人、傭人則要等主人吃飽才能吃；至於一般庶民則是同時開飯，這樣一起準備、收拾比較省時省力。儘管如此，那個年代身分制度、家父長制等上下階級觀念仍然相當濃厚，即便大家同時開飯，家人誰坐哪裡也有嚴格的規定。

一個家最靠裡面的地方是「上座」，也就是一家之主的座位；僕人不是坐在廚房，就是最

5 譯注：日本所謂「膳」是指盛裝料理供人食用的高腳餐台。

靠近廚房的地方。發配膳食的順序當然也有規定。某些男尊女卑觀念較強的地方，甚至會讓主婦坐在爐灶旁邊，男女也是分開來吃飯的。

庶民的餐桌上還有個很重要的道具，叫作「箱膳」。箱膳是個木箱，上方的蓋子可作為桌板，整體當作膳台使用；裡面則可以置入飯碗、湯碗等一人份的食器。有些箱膳甚至還有抽屜的設計。吃飽飯以後，餐具用熱茶、熱水沖洗，或者先用醬菜抹過，再用抹布擦乾水氣，就可以直接收進木箱裡面。也就是說，當時並沒有洗碗的習慣。

至於帶給日本人強烈懷舊感的矮腳小圓桌「桌袱台」（ちゃぶ台）普及至一般家庭，其實意外地是最近的事情，也就是大正時代末期至昭和時代初期。桌袱台的普及其實跟衛生觀念愈漸發達也有關聯。明治時代雖然已有「桌袱台」這個稱呼，但那時的桌袱台其實跟普通餐桌沒什麼兩樣。現在這種矮腳、可折疊的桌袱台則出現在明治中期以後。根據文獻記載，明治末期時，光是東京每天就會生產出大約三千張桌袱台。不過，光看關東地區有不少地方是在大地震以後才開始使用桌袱台，可見直到大正時代的中期，膳和箱膳仍持續被使用而沒被淘汰。

至於「圍著餐桌一家團聚」的景象，則是大正末期甚至昭和以後的事情了。

大正時代的甜點：蝶屋篇

紅豆麵包源自酒饅頭

蟲柱胡蝶忍的蝶屋有三個女孩，名叫寺內清、中原澄、高田菜穗，她們協助蝶屋的治療，負責鬼殺隊隊員的看護、復健，算是後勤組。三個女孩跟炭治郎感情很好，經常提供各種建議，時不時還會拿出點心慰勞（單行本第六卷第四十九話附錄頁）。

小澄手上拿的紅豆麵包，是明治七年（一八七四年）由木村屋（現在的木村屋總本店）的創辦人木村安兵衛、木村英三郎父子發明，最早在銀座四丁目販賣。

本來安兵衛想在日本推廣麵包，可是當時的麵包頗硬，不合日本人胃口。後來，安兵衛想到可以利用酒種酵母來使麵糰發酵、製作麵包，據說其靈感便是來自酒饅頭[6]。拜其所賜，後來我們才吃得到膨鬆柔軟的美味日式麵包。

明治八年（一八七五年），天皇和皇后行幸水戶時享用了這個酒種紅豆麵包，極為喜愛，從此木村屋便有幸進入宮中御用的行列。榮升宮中御用也使木村屋的名氣和紅豆麵包一夕爆紅，到大正時代已成為銀座的知名特產。

至於果醬麵包，則是明治三十三年（一九〇〇年）首次發售，是木村屋第三代的發明。當時裡面用的並非現今主流的草莓果醬，而是杏桃果醬。雖說草莓的栽種始於明治初期，但栽種規模一直不大，並未普及。像現在這樣「果醬麵包＝草莓果醬」的印象，還要再經過一段時間才會確立。

鄉土點心：咔啦咔啦煎餅

小清遞給炭治郎的煎餅，是山形縣庄內地區的鄉土點心：咔啦咔啦煎餅（からから煎餅）。這種煎餅是將麵粉餅皮擀薄，再摺成三角形製作而成，看起來相當可愛；拿起來稍微搖一搖，就會聽到「咔啦咔啦」的聲音，因而得名。

為什麼會有這樣的聲音呢？原來三角形的煎餅裡面藏有小玩具。

咔啦咔啦煎餅現在仍有販售，據說要趁餅皮剛烤好、還熱騰騰的時候把玩具塞進去、迅速將餅皮整理成漂亮的形狀，這可需要相當純熟的技巧。

講到這裡，這煎餅是否讓你連想到另外一樣東西呢？

沒錯，就是幸運餅乾。

幸運餅乾通常都在中華街周邊販賣，所以可能讓人誤以為來自中國，但有一種說法認為，幸運餅乾其實源自日本江戶時代的「辻占煎餅」。這種餅乾以前會在神社附近發放，裡面則藏有籤詩。有可能這種餅乾是由日裔移民帶到美國，被當地的華僑吸收後，才又推廣出去的。

滋養豐富，風味絕佳：牛奶糖

而菜穗手裡拿著的牛奶糖，其實歷史悠久，發源於古代的地中海世界。

牛奶糖首次引進日本是在明治三十二年（一八九九年），由現在的森永製菓率先開賣。發售初期為了確保品質，是把牛奶糖放在大鐵罐裡，再以每粒〇・七錢的價格拆散零售。像現在這樣以紙盒包裝販售，則首見於大正三年（一九一四年）於上野舉辦的大正博覽會會場。當時的價格是二十粒十錢。

順帶一提，當時這個博覽會會場還另外設置了日本第一座手扶梯，而且搭乘這個手扶梯是要收費的，費用跟一盒牛奶糖一樣，都是十錢。

營養滿分：蜂蜜蛋糕

「隱」的後藤拎著蜂蜜蛋糕，來探視經過遊廓死戰後，身負重傷甚至意識不清的炭治郎。他原本體貼地希望炭治郎聞到蛋糕的香味後可以醒轉過來，卻發現炭治郎其實早已恢復意識，憤而翻臉，還把沒有立刻報告的香奈乎也一起罵了一頓。儘管後藤曾在「柱合會議」的時候扁過炭治郎，但到底是個好人。

說起用大量雞蛋和砂糖製作的蜂蜜蛋糕，是在室町時代末期到安土桃山時代之間，由南蠻貿易商引進日本，可以說是「南蠻菓子」（西洋甜點）的先驅。當時基督教的傳教士經常會發放甜食來聚集民眾，以利傳教。因為這個背景，除了蜂蜜蛋糕以外，其他像金平糖、bolo（小饅頭餅乾）[7]等南蠻菓子也都在相同時期登陸日本，最終內化成為日本的食物。

江戶時代的料理書，也曾用「家主貞良卵」、「嘉壽亭羅」等名稱，介紹過蜂蜜蛋糕的食譜，再次印證它已經內化為日本飲食文化的一員。而蜂蜜蛋糕長期以來都被視為高級甜點，甚至還曾經因為營養價值極高，而被認為對身體很好。後藤帶蜂蜜蛋糕來送炭治郎，想必也有這樣的考量。

跟歌舞伎其實沒有半點關係？歌舞伎煎餅

第一百話中，菜穗向炭治郎提供刀匠村的情報時，嘴巴裡塞滿了「歌舞伎煎餅」（かぶき揚げ）。這是一種炸仙貝，以鹹甜的滋味與清脆口感而頗受歡迎。而另一種類似的零食「Bonchi 邦知煎餅」（ぼんち揚げ），則是主要在關西地區流通，口味比歌舞伎煎餅稍淡。

再說回歌舞伎煎餅，其實這個名字並非指零食本身，而是食品公司天乃屋推出該炸仙貝當時，決定選用日本傳統藝能歌舞伎舞台常用的三色拉幕（定式幕）圖案作為產品包裝，才有這個命名。那也是第二次大戰後、昭和二十九年（一九五四年）的事了。

另外，其實歌舞伎煎餅有圓形和正方形兩種形狀，分別刻著兩種跟歌舞伎極有淵源的家紋，但煎餅表面經過油炸製程以後，就變得難以辨認。

與歌舞伎煎餅同樣知名的，還有在大正時代發明的「柿種米果」。

大正十二年（一九二三年），設址於新潟縣長岡市的浪花屋製菓公司的創辦人今井與三郎先生，有次不慎踩到製作雪餅的模具導致變形；他直接拿變形的模具去用，結果做出形狀類似柿子種子的米果，大受好評，從此便成了固定商品。

6 編按：酒饅頭（酒まんじゅう），一種日式甜點，類似饅頭的麵皮包裹著紅豆餡。其麵皮是將日本甜酒（類似酒釀）混入麵粉中發酵而成，因此帶有酒香。

7 譯注：「Bolo」本是葡萄牙語，用來統稱蛋糕等甜點，原本並非指特定的甜點。傳到日本之後，日語「ボーロ」則是多指以麵粉、砂糖、雞蛋、牛奶為材料的西洋烤餅乾，相當於台灣的「小饅頭餅乾」。

大正時代的甜點：戀柱篇

長命寺櫻餅誕生趣聞

「櫻餅」是戀柱甘露寺蜜璃最愛的食物，都說她的頭髮是因為長期吃下大量櫻餅才變了顏色，可見她對櫻餅的熱愛絕對非比尋常。

「長命寺櫻餅」的由來，據說是在江戶時代一七一七年，山本新六這位人物拿隅田川河堤的櫻樹樹葉用鹽醃漬、製作甜點，然後在向島的長命寺寺門前銷售。「山本屋」這家店便成了長命寺櫻餅的始祖，如今仍在隅田川河畔營業。

兩百年後的大正時代，山本屋早已是聲名遠播的老店，蜜璃吃的大概就是他們家的長命寺櫻餅吧。那時想必已有許多店鋪見生意興隆而跟進製作櫻餅，所以蜜璃很可能也曾把全東京各家的櫻餅一齊買來，品嘗比較。

長命寺還有一則趣聞。據說曾有人把櫻餅連皮（櫻葉）吃，旁人見狀便說：「把皮剝掉吃比較好喔。」那人心想原來如此，便轉過身去面向河川，把櫻餅連皮吃掉了。

在日文中，「把皮剝掉」（皮を剥く）與「面向河川」（川を向く）是同樣的發音，而這則一語雙關的趣聞，可說是極為切合在隅田川河畔開店做生意的山本屋。

怎能輸給關東？道明寺的誕生

關西風的櫻餅「道明寺櫻餅」也誕生於江戶時代，據說時間稍晚於長命寺櫻餅。也有人認為道明寺櫻餅其實是關東櫻餅大賣以後的跟風產品。

「道明寺」是座位於現在大阪府藤井寺市的寺院，而這座名剎跟學問之神菅原道真的祖先頗有淵源，從很早以前僧侶們就會拿米磨成粉、製作成乾糧「糒」。「糒」經泡水或炊煮便可回軟，是非常重要的緊急預備糧食。後來糒被人稱作道明寺粉，也就演變成使用這種粉製作的櫻餅名稱。

西式養蜂的歷史

「把蜂巢蜜淋在麵包上，超級好吃的喔！」此語出自酷愛甜食的甘露寺蜜璃。

作為自然界極其珍貴的甜味來源，日本各地自古以來便懂得如何使用蜂蜜。至於飼養西方蜜蜂[8]的西式養蜂，則要到明治新政府將其作為產業振興政策之後，才首次在日本施行。

起初，西式養蜂是從美國買進蜜蜂，並安置在新宿試驗場（現在的新宿御苑），繁殖蜜蜂的同時也摸索著如何推廣。最初可謂紅極一時，可惜熱度沒能延續下去，至明治末期便已衰退。

大正時代之初，出現了另一種養蜂模式，叫作「轉地養蜂」，也就是隨著季節由南往北移動蜂巢，追隨花信。一度沒落的養蜂事業因此死灰復燃，可是一直沒能大量生產。也許所謂「把大量蜂巢蜜抹在麵包上」的做法，其實是僅有大小姐蜜璃才能享受的奢侈。

原本叫作「熱蛋糕」？

同樣廣受歡迎的甜點鬆餅，則是在明治中期便有文獻記載被引進日本，當時翻譯作「薄餅」。光是這個譯名，實在很難猜想那到底是什麼樣的食物。

直到大正時代末期，這種食物才以「熱蛋糕」（hotcake）之名開始出現在百貨公司的菜單，從而逐漸普及。至於現在使用的混合鬆餅粉，則要到第二次世界大戰以後、昭和時代中期才出現，時間較晚；當時仍然叫作「熱蛋糕」，「鬆餅」（pancake）一詞成為主流又是更晚以後的事情了。

再說到吃鬆餅必備的楓糖漿，出糖漿的「糖楓」是在明治時代才移植到日本，只不過當時移植的目的並非要採集樹液，而是作為行道樹使用。戰爭時期固然也曾考慮過要從中採集糖漿，不過終究沒能形成大規模的產業。

8 譯注：西方蜜蜂（Apis mellifera）又叫歐洲蜜蜂，目前人工養殖的蜜蜂大多為此種。另一種養殖品種東方蜜蜂（Apis cerana）相較於西方蜜蜂較難管理，產量也較少，但蜂蜜口感特殊，其價格在各產地都高於西方蜜蜂產的蜂蜜。

初戀的滋味：可爾必思的誕生

最早以「初戀的滋味」和酸甜好味道受人喜愛的可爾必思，是大正時代登場的新飲料。

創辦人三島海雲是從自己在蒙古喝的遊牧民族飲料「酸奶」中獲得靈感。他將脫脂牛奶經過乳酸發酵，開發出「醍醐素」並於大正六年（一九一七年）推出，這就是可爾必思的由來。

兩年後大正八年（一九一九年），三島海雲將公司「醍醐味合資會社」改名為「樂可多株式會社」（ラクトー），以醍醐素為基礎開發出新的乳酸菌飲料「可爾必思」。「可爾必思」（Calpis）一詞，是「鈣」（calcium）與梵語「熟酥」（salpis）兩字的組合語，據說著名作曲家山田耕筰也有參與這個命名。大正十二年（一九二三年）再次變更公司名為「可爾必思製造株式會社」。

發售當初可爾必思的售價是四百毫升一圓六十錢。相同時期的牛奶售價是六十錢，可見可爾必思在當時其實是種相當高價的飲料，昭和時期甚至還傳聞「可以從去朋友家喝到的可爾必思的濃淡，嘗出貧富差距」。以《鬼滅之刃》的人物為例，炭治郎家可能就買不起可爾必思，家境比較富裕的甘露寺蜜璃倒是可能有喝過。

當時可爾必思的包裝也相當豪華。瓶外的金色紙盒還印著米洛的維納斯肖像，看起來更像能量飲料而非清涼飲料。至於以銀河為主題的水珠圖案，則是大正十一年（一九二二年）採用的設計，這個設計也是現在可爾必思的註冊商標。

創辦人兼社長三島海雲積極推動在食堂和鐵路車站等地上架，力圖擴張銷售管道，同時也非常看重如何回饋社會。在關東大地震發生當時，他曾立刻調派卡車載著可爾必思送到災區，也曾主辦海報設計比賽，以援助因一戰而陷入困境的德國藝術家。雖說當時被採用的海報後來因歧視問題而被主動撤下，不過三島如此強烈的社會貢獻意識，想必跟他生為佛寺住持之子、自己也當過僧侶的經驗不無關係。

後來，可爾必思也隨著時代的前進逐次改良，直到今日仍廣受大眾喜愛。

MOTTO TANOSHIMU TAMENO

TAISHOJIDAI BINRAN

第五章

大正時代的居住

《鬼滅之刃》的時空設定在關東大地震發生前的東京；某些街景得以遺留至今，某些街景則已消失。當時的人們又是如何生活的呢？

急速西化的東京府

逐漸被西洋紅磚建築取代的東京風景

《鬼滅之刃》的舞台，就是現在的東京。明治維新以後，政治權力回歸天皇手中，並將千年以來一直設置在京都的首都遷到江戶，從此改稱東京（東邊的帝京）。東京在大正時代仍稱作「東京府」，改為「東京都」則是在大戰期間、昭和十八年（一九四三年）七月。

明治政府上台後，首先要做的便是首府東京的近代化。為吸收西歐的先進技術與知識，政府機關和大學等開始大量聘用身懷技術的歐美人士為「御雇外國人」，委託他們設計各種建築物，不久便在東京街頭蓋起了一棟棟的西洋建築。

位於東京千代田區霞關（日本中央行政機關多設於此地）的中央合同廳舍六號館（法務省舊本館）就是由德國建築家設計，於明治二十八年（一八九五年）在米澤藩上杉家宅邸舊址建造，是當時紅磚建築的代表作。

另外，三菱財閥的二代當家岩崎彌之助，從明治政府的合併拍賣案中買下了皇居正對面的兵營舊址基地，想將這片芳草茂盛的原野改造成媲美英國倫敦的一流商業街，於是便設計出了丸之內的第一棟辦公大樓「三菱一號館」，並於明治二十七年（一八九四年）完工。

負責設計日本首個辦公商業街區的，是倫敦的建築師喬賽亞・康德（Josiah Conder）。明治十六年（一八八三年）於日比谷建成的「鹿鳴館」同樣出自他的設計，後來他也被三菱聘為顧問。

康德仿效當時倫敦朗伯德街，紅磚建築群的設計概念，決定蓋成「寬二十間（約三十六公尺）的道路，統一為高五十尺（約十五公尺）的三層紅磚建築」。

三菱一號館完工以後，除了三菱總公司使用，也吸引了第百十一國立銀行以及當時的大商社高田商會先後進駐。

加速東京近代化的關東大地震

三菱一號館完成後，三菱二號館、三號館也陸續完工，紅磚建築綿延長達一百多公尺，故有「一丁倫敦」的美稱。

三菱一號館竣工於明治二十七年（一八九四年），同年座落於高知藩宅邸舊址的東京府廳舍（後來的東京都廳舍）也宣告落成。明治四十四年（一九一一年）鳥取藩宅邸舊址上蓋了帝國劇場；大正三年（一九一四年）則在三河吉田藩、美作津山藩、上總鶴牧藩宅邸舊址建造了東京車站；大正十二年（一九二三年）則在岡山藩宅邸舊址蓋起了丸之內大樓。

由此可以發現，明治維新以後都心地帶的政府機關、商業街西洋建築急速增加，但傳統商業區和住宅區仍是密集的木造建築，並無改變。

東京府的真正近代化，要等到大正十二年（一九二三年）九月一日，發生了關東大地震以後。光是這次地震，東京府轄內便有多達七萬人死亡與失蹤，才有後來在後藤新平的帶領下展開的「帝都復興事業」，東京府整體的近代都市計畫也才有了顯著的推展。

無慘和鬼殺隊展開生死鬥的地點是？

讓我們把目光轉回到《鬼滅之刃》本身。鬼殺隊與上弦眾鬼的決戰在鬼舞辻無慘棲身的異空間無限城中展開。鬼殺隊陸續擊破上弦眾鬼，眼看就要跟無慘短兵相接，可是在上弦之肆鳴女能自由操縱的無限城裡，實在放不開手腳全力戰鬥。鬼殺隊一度被逼入絕境，還好拜愈史郎之賜，好不容易才脫離無限城，將戰鬥舞台轉移到地面。

一行人脫離無限城以後，來到了一個四周淨是成排時髦西式建築的場所。如前所述，關東大地震尚未發生以前，東京除了政府機關和丸之內附近有高級商業街以外，再沒有其他地方看得到這麼多漂亮的西洋建築。

原作裡面畫的成排三層樓高的紅磚建築，不正是人稱「一丁倫敦」的丸之內嗎？眼看鬼殺隊隊員們遭受鬼舞辻無慘的重擊，重重摔在建築物上，房屋碎片飛散，甚至崩壞為瓦礫，一幕幕恍如怪獸電影那般，彷彿必須透過大肆破壞方得淨化重生。換句話說，當時唯一可以看得到西洋紅磚大樓建築的丸之內，便是呈現無慘與鬼殺隊死鬥的最佳場所。

後來，東京下町等地遭到第二次世界大戰空襲重創，許多街道遭戰火夷為平地。我們固然不知未來故事是否還有其他發展，不過假如二戰期間也有鬼和鬼殺隊的存在，雙方又會發展出什麼樣的戰鬥呢？讓想像馳騁也是一種樂趣。

大正時代的淺草

炭治郎與無慘相遇的淺草六區

大正時代之初，最繁榮興盛的鬧區不是澀谷或新宿，而是淺草。雖說淺草至今仍給人都是外國觀光客的印象，但其實從明治到大正時代這段期間，淺草的街道除了最知名的「淺草寺」和「仲見世」商店街，還有日本第一座遊樂園「花屋敷」，以及遠超當時世人想像的驚天高樓「凌雲閣」，還有以「淺草六區」為中心舉辦的電影放映（當時稱作「活動寫真」）、歌劇、見世物小屋[1]、街頭表演、馬戲團和雜耍等活動。各種大眾娛樂匯聚於淺草，從早到晚，大批人潮久久不散，是日本第一的遊樂鬧區。

炭治郎初次邂逅鬼舞辻無慘，便是在淺草。第十三話中，熙來攘往的道路兩旁掛著活動寫

真（電影）和歌劇的宣傳看板和旗幟，可以肯定絕對是「淺草六區」無疑。

鬼舞辻無慘利用「淺草六區」的擁擠嘈雜，順利甩開了炭治郎，消失無蹤。作品重現了當時淺草熱鬧忙亂的景象，藉此在讀者心中巧妙植入了大正時代的淺草印象。至於這個時代的人們都在淺草從事什麼樣的娛樂活動呢？且讓我們繼續看下去。

呈現鮮活畫面的娛樂之王：活動寫真

大正時代中期最具代表性的大眾娛樂，非「活動寫真」莫屬。所謂活動寫真，其實就是今日所謂的電影。活動寫真於明治二十九年（一八九六年）首次引進日本，大正元年（一九一二年）終於誕生出日本第一家電影公司——日本活動寫真株式會社（日活）；大正九年（一九二〇年）又有松竹映畫合名社成立。

每到假日，就會有大批人潮湧向活動寫真館。淺草六區先是有日本第一座常設活動寫真館——電氣館，陸續又有三友館、大勝館、帝國館等在周邊成立。在多家放映館的帶動下，活動寫真成為了都市生活不可或缺的娛樂活動。

大正時期人們進場觀看的是「無聲映畫」，也就是放映影片，再由「電影辯士」解說照片或影片中的狀況。

正如電影中的演員吸引大批影迷那般，電影辯士同樣也有許多熱情的支持者。據說放映途中如果要更換辯士，或是自己喜愛的辯士要上場的時候，甚至有觀眾會大喊「等你很久了」來聲援。

現在仍在淺草營業的日本第一座遊樂園「花屋敷」，則是淺草六區的另一個代表性娛樂設施。江戶時期開設的時候，其實是一座植物園；明治以後加入了動物展示與各種活動，到了大正時代，花屋敷已成為日本首屈一指的動物園。

明治大正時期的淺草地標：凌雲閣

這個時代最值得特別一提的娛樂設施，當數「凌雲閣」。《鬼滅之刃》原作漫畫其實並沒有畫到它，倒是動畫版中，若仔細觀察炭治郎和鬼舞辻無慘在淺草六區相遇的場景，就會發現遠景裡面有畫到凌雲閣的身影。

其次，炭治郎和禰豆子路過烏龍麵攤的場景，也有畫到凌雲閣。在寂靜的夜裡，這座高塔印下的漆黑巨影，正暗示著鬼舞辻無慘這個當前的大敵。

凌雲閣於明治二十三年（一八九〇年）十一月建造，是座高五十二公尺的紅磚高塔。跟標高六百三十四公尺的東京天空樹比起來或許並不顯眼，不過這在當時可是令人驚嘆的高樓。取「高可凌雲」的意思，該高塔命名為「凌雲閣」。不過凌雲閣因為共有十二層，一般反而更常被人叫作「淺草十二階」。完工當時，日本少有十二層樓高的建築，加上設計摩登新穎，使得凌雲閣一躍成為淺草的地標。據說開業後的第一個週日，便有六千八百人次造訪，而開業翌年的元旦三天連假，約有共兩萬人登塔到十二樓觀看日出，可以想見當時盛況。

從凌雲閣的展望室不但能看見東京的各個角落，還能遠眺關東附近各縣群山。當時的入場費是大人八錢，小孩四錢，而當時的一錢約等於現在的一百～兩百日圓。

凌雲閣還有另一個「賣點」，就是一分鐘內可以升到八樓的電梯，也是日本第一座電梯。可惜這座電梯自開業當初便故障不斷，隔年更因為結構上的缺陷而被警視廳勒令

停止運轉，結果電梯實際運作僅有短短六個月而已。

明治末期，凌雲閣的來客數隨著電梯的關閉而銳減，從此陷入經營困境。

日本第一次的選美比賽

有鑑於此，凌雲閣遂緊急發起了首次的美女照片選拔大賽。首先，從全東京所有遊樂場所的藝妓當中遴選出一百位美女，接著把貼著她們照片的看板擺在凌雲閣內部，以供評比。投票方式和現在的偶像總選拔類似，只要花錢多買幾張入場券，便能比別人多出幾張選票，也就是說一個人能夠投下大量的選票。

儘管舉辦過選美比賽等，做了多方嘗試，然而時過境遷，凌雲閣已形同只是比較高的土產販賣所，實在跟不上潮流，從而陷入長期經營不振的窘境。

到了大正九年（一九二〇年），凌雲閣周邊變得愈來愈複雜，風紀紊亂，附近開張的幾乎都是違反公共秩序善良風俗的店家。這俗稱「十二階下」的私娼寮不斷擴張，高塔附近開始傳出許多不堪入耳的流言，此地也成了來到淺草的東京人和初次上東京的鄉下人之間的祕密景點，而淩雲閣便是祕密景點的地標。雖說吉原遊樂街就在距離淺草不遠處，可是這裡價格便宜且手續簡單，使得此地的私娼寮大為興盛。

淩雲閣早已陷入瀕死狀態，而致命一擊正是大正十二年（一九二三年）九月一日的關東大地震。當時，八樓以上的樓層遭到震毀崩塌，且據說地震發生當時塔頂展望台附近原有十二三名參觀客，僅有一人死裡逃生，其餘全數被捲入塌陷，當場死亡。

淩雲閣本就經營不善，重建之路更顯困難，於是便決定在同年的九月二十三日爆破拆除。這座娛樂設施三十三年來一直是淺草的地標，下場竟是如此可嘆。

淺草在明治、大正時期一直是東京最重要的娛樂中心，但大地震以後，人們的目光很快就轉移到重建最迅速的銀座去了。一棟棟百貨公司平地而起，時髦、流行的咖啡廳遍地開花，摩登男女紛至沓來，銀座終於從淺草手中，接過東京第一繁華街的寶座。

1 譯注：見世物小屋，以奇珍異獸、奇趣技藝為噱頭，吸引人買票入內參觀的小屋，類似歐美的「畸形秀」（freak show）。

大正時代的吉原

時代劇中的吉原

上弦之陸墮姬與妓夫太郎篇的故事，就發生在吉原遊廓。金碧輝煌的遊廓花魁、眾多遊女、打扮性感的女鬼，再加上三名女忍者登場，可以說是極富娛樂性的超華麗篇章。

電視播放的時代劇裡，經常出現吉原遊廓的場景，相信許多人對吉原都有一種模糊的印象。要深入解讀墮姬與妓夫太郎篇的故事，首先就必須對遊廓有更深一層的認識。

吉原於江戶時代初期的一六一八年開業。在此之前，江戶許多地方都有未經幕府許可、非法營業的賣春行業，稱作「岡場所」。後來幕府將這些私娼全部集中在同一個地方，並規定僅可在白天營業，這便是吉原。

放眼整個江戶，只有在吉原才能一擲千金、放肆遊玩，所以吉原自然也成為了大名、富豪等一流名士往來應酬的重要社交場所。吃的用的各方面都是全日本最頂級的，當時的吉原可說是走在流行最尖端的文化重鎮。

起初，吉原被劃定在日本橋葺屋町的一塊濕地。可是隨著市鎮持續擴張，遊廓變得太接近市中心，引起注意，於是幕府遂趁著明曆大火（一六五七年）將吉原轉移到淺草寺後方農田的一個角落去。此地交通不便，所以遊廓從此獲准可以日夜營業作為補償。

自從新吉原可以夜間營業後，主要客源也從原先的武士變成了町人[2]，也才有後來町人文化的開花結果。

活在輩分位階裡的階級社會

新吉原座落在一個四周為農田的田園地帶。這裡有遊女、妓樓從業者、一般商人和職人等，總共一萬餘人，生活在這個四周以水溝和黑板牆為界、面積約達兩萬坪的區塊內。

吉原只有「大門」是唯一的出入口，唯獨醫生可以直接坐著駕籠轎通過大門，其他人任你是大名諸侯，也必須在大門外下轎。大門入口左手邊，有個由町奉行[3]管理的建築物叫作「面番所」，負責監視有無逃犯等可疑人物出入。右手邊則有個由吉原管轄的小屋名叫「吉原會所」，負責監視女性從大門離開。男性無論目的均可自由出入，女性則必須先去茶屋取得通行證，在大門出示給守門人檢查。此措施的目的自然是要防止遊女脫逃。

穿過大門，面前就是一條中央大道「仲之町」，將整個遊廓分成左右兩邊。雖然名為「町」，但其實這是路名而非建築物的名字。這條中央大道的兩側，便是一整排負責仲介、介紹客人與妓樓的「引手茶屋」。再從引手茶屋中間的橫巷走進去，兩側就是稱作「遊女屋」的大小妓樓。一樓是設有柵欄的「張見世」，遊女會坐在這裡等著客人上門。炭治郎等一眾鬼殺隊隊員，便是在這個橫巷裡跟鬼發生激烈戰鬥。原作可以看見建築物一樓設有供客人窺看遊女的木柵欄，便是證據。

吉原總共有兩百間以上的大小妓樓擠在這裡。妓樓有大見世、中見世、小見世三種，這三種不但代表妓樓的規模大小，同時也代表著妓樓的等級高低。

除此以外，還有種廉價的妓樓叫作「河岸見世」。至於《鬼滅之刃》當中墮姬和妓夫太郎出生長大的「切見世」，則是採取長屋[4]形式、是最廉價的妓樓，遊女的待遇也是最糟的。人人都說來切見世玩，沒有一個不會染病回去、大病一場，所以切見世又被叫作「鐵炮見世」。吉原就是這麼一個階級分明而嚴格的階級世界。

那麼，遊女生活起居的妓樓到底是什麼樣的地方呢？首先，妓樓一律是兩層樓建築，正對道路的那面是招攬客人的房間「張見世」，客人可以隔著柵欄看到遊女排排坐在房間裡。一樓除張見世以外，其他全部都是樓主和從業員日常生活起居的場所。

沿著樓梯爬上二樓，正面是遊女為客人呈上酒肴的「引付部屋」，其他則是遊女的房間。每位遊女都有自己的房間，當紅名妓甚至還能額外擁有好幾個專屬的房間。

即便江戶幕府倒台以後，吉原遊廓也並未因此停止營業。明治、大正時代，世間普遍對人口販賣秉持嚴厲批判的態度，於是吉原就把妓樓改名為出租房，宣稱「遊女接客均是出於自由意志」繼續營業，可是遊女的待遇和妓樓的營運狀況跟江戶時代其實並沒有太大差別。

2 譯注：町人，日本江戶時代的一種社會階層，主要是商人，部分是工匠以及從事工業的人。町人在江戶幕府的士農工商身分制度下是最低的兩級，但憑著商業買賣以及獨有的工作技能，部分町人的財力甚至高於武士階層的大名。
3 譯注：町奉行，江戶幕府的職稱，掌管領地內都市的行政、司法。
4 譯注：長屋，從前日本的一種集合住宅，面窄內深，經常要跟左右鄰屋共用牆壁。

性病蔓延、無數遊女病死的黑暗面

吉原的花花世界，表面上看起來光鮮亮麗，可是愈是光明美好，背後往往也愈是深沉晦暗。無論遊女如何打扮梳妝、在客人面前虛張聲勢，到頭來，她們仍是被迫必須沒日沒夜和不特定多數男子從事性行為的賣春女子；過去還會把賣身到妓樓當遊女稱作「投身苦界」。吉原可以說是男性的天堂，然則對在那裡工作的女性來說，卻是個沒有半點自由的人間煉獄。

根據《鬼滅之刃》的設定，墮姬和妓夫太郎的母親患有梅毒。在過去性病仍屬不治之症，而事實上當時罹患性病的患者可謂不絕於後。尤其吉原因生活空間狹小、擁擠，造成肺結核等傳染病肆虐，不規律的飲食生活又引起營養不良和過勞等問題，有為數眾多的遊女在二十幾歲年紀輕輕便病死。死後沒人收屍的遊女，就會被埋葬到附近的投入寺[5]。說是埋葬，實際上只是把屍體丟進墓穴便告完事，極為粗暴草率。

像《鬼滅之刃》裡面，鯉夏花魁這種有人贖身的是極少數，絕大多數遊女都是長期被迫出

賣肉體，最後就像免洗筷那般遭到丟棄、草率埋葬。直到賣春防止法於昭和三十三年（一九五八年）四月一日廢除吉原為止，前後不知葬送了多少薄命紅顏。

連鬼都吃驚的超級階級社會

遊女世界有極為嚴格的階級制度。對妓樓來說，遊女是商品，不同商品就要視等級來設定不同售價，而待遇當然也有明顯的差別。遊女間的相互競爭不但可以激勵遊女賣力工作，客人也會受到鼓舞，力圖擺出大排場來追求更高級的遊女，因此階級制度對妓樓來說可謂百利而無一害。

起初遊女只有太夫、格子和端，總共三個階級，後來幾經改變，細分成了下列諸多階級，直至幕末。

・花魁

・新造付呼出（必須透過揚屋[6]來指名點台）。最高級的遊女，並有其他新造一同助興。揚代（售價）一兩一分。

・呼出。白天遊玩的揚代要價三分錢的高級遊女，故亦稱「晝三」。
・座敷持。有自用和客用兩種房間的遊女。揚代二分錢。

・**新造**：有自己的房間。年輕的新造遊女揚代是一分錢。

・**振袖新造**：剛從禿升級的見習遊女，不接客。

・**番頭新造**：年紀增長、除役以後，仍留在妓樓負責照顧花魁的女子。

・**禿**：跟著花魁見習的六～十四歲少女。

・**遣手**：負責監督遊女和禿，並接待客人的工作人員。

・**茶屋女房**：引手茶屋的老闆娘，負責接待遊客、向遊客說明介紹。

・**茶屋下女**：引手茶屋的工作人員。

大致來說，客人可以接觸到的遊女，從最頂級的花魁、傾城等擁有專屬房間的高級遊女，再來是年資尚淺的新造，最低級的則是切見世的廉價遊女。極嚴格的階級區分，不禁讓人連想到鬼殺隊的階級組織；鱗瀧等培育者便等同於番頭新造，香奈乎是禿，而在蝶屋工作的三個小女孩則相當於茶屋下女。

遊女的影子：什麼都要幹的妓夫

在妓樓工作的男子一律稱作「若眾」，其中，負責對外工作的便是「妓夫」，他們最重要的工作就是招攬客人。小見世的妓夫往往必須到街上拉客，最好有本事能硬扯衣袖、把客人拉進店裡還面不改色，否則恐怕難以勝任。

正如《鬼滅之刃》所描述，收取欠款也是妓夫的工作。也不知道是否因為妓夫之間爭奪客人造成衝突不斷的緣故，後來吉原有個叫作「妓夫台」的做法，規定妓夫必須站在這個台子上才能招攬客人。當妓夫相中哪個客人路過自家見世的時候，會先有個妓夫把妓夫台推到路面上，只要站在台上的妓夫拿住客人的帽子，後面的妓夫就會抓起繩子，把妓夫台一鼓腦往屋裡拉。帽子已經先上樓了，客人也就不得不跟著走進屋去，這種手法實在露骨至極。

把這些骯髒活都包辦下來的妓夫，是吉原不可或缺的人物。象徵吉原光鮮亮麗的花魁墮姬，與象徵黑暗晦澀的妓夫太郎，這兄妹兩人組其實是鬼非人，如此設定實在使人心中一凜。

---

5 譯注：投入寺（投げ込み寺），幫助乞丐、遊女、旅途病死者等無依無靠的人死後放置和埋葬遺體的日本寺院。門前有個四角形的方洞，半夜屍體通過方洞被扔進廟裡。寺裡的和尚會在天亮之前收屍，之後當作無緣佛埋葬。

6 譯注：揚屋，與高級遊女遊玩的場所。太夫、天神（次於太夫的高級遊女）、花魁等高級遊女設籍於置屋，客人必須把遊女請到揚屋來。

關東大地震

《鬼滅》故事發生的大正時代儘管只有短短的十四年半，被後世盛讚為「大正浪漫」的獨特文化，卻在都會地區發揚光大，使西洋風格的摩登生活滲透民間。同時因關東大地震的破壞，「從江戶過渡到東京」的進程正式告終，從此進入「東京」的時代。

大正十二年（一九二三年）九月一日十一點五十八分，日本發生芮氏規模推測為七．九的大地震，震央位於相模灣；造成的死亡與失蹤人數高達十．五萬人，光是全毀與半毀住宅便超過三十萬棟，成為日本有史以來最嚴重的地震。雖然當時建築物的耐震度、防火性能與都市防災體制都不能與今日相提並論，但關東大地震的死亡與失蹤人數，遠超過三一一東日本大地震的一．九萬人，以及阪神大地震的六．五千人（關東大地震是日本唯一死亡失蹤人數超過兩萬人的地震）。

一般地震的致災原因通常為「震動（建物或山壁邊坡坍塌等）」或「海嘯」，可是在所有日本受害人數超過千人的地震中，唯有關東大地震是因為「火災」致災，這也是關東大地震的最大特徵。由於地震發生當時正是午飯時間，因此造成當時東京市內（現在東京都二十三區附近的市區）共有約一百三十處在同一時間爆出火舌。大火持續延燒長達三天兩夜，造成東京全市街道有三分之二全數燒毀。而因火災而喪命的死者人數約為九・一萬人，占全體犧牲人數的將近九成。

受災最慘重的便是墨田區的本所被服廠舊址的避難所（從前陸軍軍服製造廠的舊址，是個面積約等於一・五座東京巨蛋的空地），死亡人數竟高達三・八萬人，這是由於出現了「火災暴風」現象，強烈火勢引發火場上空對流發展，造成火勢大範圍擴散。許多人以為空曠的被服廠舊址避難所相對安全，於是帶著家當細軟來此避難，沒料到火勢因火災暴風現象而延燒，最終釀成避難者幾乎全滅的重大災害。

讓炭治郎瞠目結舌的繁華淺草，同樣也被燒成斷垣殘壁，而當時淺草最著名的十二層展望塔「凌雲閣」亦告全毀。至於宇髓天元等人潛入的吉原，卻選擇緊閉大門以免遊女趁亂逃跑，結果大量遊女被燒死，還有將近五百人為逃避惡火，縱身跳入弁天池而被活活溺死。

按照當時日本銀行的計算，關東大地震造成的經濟損失高達四十五・七億日圓，相當於日本國家預算的三倍，雖說直接換算有失嚴謹，不過這個金額放到現代，應該在兩百兆～三百兆日圓之間。

大地震之後，從東京、橫濱移居大阪的人口明顯增加，使大阪市人口一度超越東京市。政

COLUMN

府為救濟受災企業，推出了延長付款期限和折扣減免的補償措施（即所謂的「震災手形」[7]）。可是大正九年（一九二〇年）的戰後恐慌經濟蕭條才稍見起色，加上大量與地震無關的呆帳混入，諸多因素影響下，終於演變成昭和二年（一九二七年）的昭和金融危機。

地震發生後不久，唯一的大眾媒體（當時既無電視也無收音機）報紙便刊出了「朝鮮人暴動縱火」的傳言，造成日本各地許多民間自組警備團體，並殺害了大量朝鮮人以及被誤認為朝鮮人的日本人（受害者達數千人）；這也促使政府頒布了緊急敕令，也就是日後的治安維持法。此外，更有「大杉事件」和「龜戶事件」等軍隊和警察趁亂屠殺無政府主義者和勞工運動人士的事件，以及政府加強監視並檢舉思想運動、限制報導自由等作為，預示著日本未來將強化國家統治的體制。

除此之外，供水供電、道路鐵路等生活基礎建設受創極深，政府機關建物、東京帝國大學、帝國劇場、日本橋三越本店等教育、文化、商業設施也多數崩塌燒毀。明治、大正時期較具代表性的建築物，唯有極少數得以保存下來，實屬遺憾。

不過另一方面，關東大地震的災後復興事業卻也為今日的東京打下堅實的基礎。九成的火災災區獲得重新規畫整理，並修整了永代通、晴海通等主要幹道，以及墨田公園等諸多設施。

自來水管線也是在這個時期拉到了各家各戶，改變了從前多戶人家共用一個水井的生活模式。而作為受災戶住宅政策的實施機關，大正十三年（一九二四年）設立了「財團法人同潤會」。自同潤會第一個鋼筋水泥集合住宅「中之鄉公寓」竣工以來，東京與橫濱也紛紛出現許多耐火抗震的鋼筋水泥材質（RC結構）公寓和出租住宅，使得集合住宅迅速普及。江戶風情不再，生活全面西洋化，正是由於地震造成了不可違逆的居住環境、生活模式的改變。

或許「鬼舞辻無慘」就跟關東大地震一樣，都是人力所不能及的巨大災難。待炭治郎與鬼殺隊打敗無慘以後，《鬼滅之刃》的世界又將會有什麼樣的復興和變化呢？

7 譯注：震災手形，指因為關東大地震而無法支付的票據，而非因為地震而特別發行的票據。政府頒布緊急敕令，命令日本銀行針對受災地的票據做出延期、折扣減免等補償措施。當時曾有不肖商人趁亂拿大量無關呆帳申請認列。

COLUMN

大正時代的住宅

上流階級住西洋住宅

《鬼滅之刃》描繪了五花八門的大正文化，唯獨住家房屋的模樣看起來卻跟江戶時期沒有太大差別。或許有人會懷疑：「大正浪漫的西洋氛圍不是應該再濃厚點嗎？」其實就當時的庶民而言，西式房屋絕非尋常可見。

明治維新以後，日本在各個方面都獲得了快速的西化，而使西服、西式建築開始普及的關鍵人物，便是明治天皇。明治天皇親自穿戴全身西服、長靴行幸全日本時，各地豪族仕紳就會在自家宅邸的土地範圍內，在原先的日本傳統屋敷（和館）旁邊建造附設的洋館作為天皇的休憩所或下榻地，據說這便是日本最早的洋館。只不過當時絕大多數的洋館僅是作為接待賓客用的建築物，平時家裡人和傭人仍在和館裡生活起居。在那個時候，光是蓋洋館這碼事便足以成為眾人議論的熱門話題，洋館在庶民看來，便成了懷抱憧憬而遙不可及的建築物。

到了大正十年（一九二一年）左右，由於交通網已成熟等因素，中產階級也有能力在東京近郊的新開發區（世田谷區和杉並區）蓋住宅。人們又受大正民主運動等思潮影響，更加嚮往西式生活。然而當時西式建築的建造費用普遍落在和館的一・五倍到兩倍以上，所以後來，才會只在主要生活起居的和館旁邊，另外蓋一棟設有一兩間西式會客室、書齋或工作室的洋館，稱作「文化住宅」。這種住宅形式問世以後，便因費用比較親民而大為流行。

以《鬼滅之刃》作品的世界來說，（雖說規模較大）蝶屋當屬此類。蝶屋正是在各代的柱代代傳承居住的和館宅地範圍內，（應是由胡蝶忍）另外新建的洋館醫院。宅邸內部的正確房舍配置固然不得而知，不過從第五十三話中診療室與走廊的畫面可以判斷，醫院應該是跟和館本館分開的另一棟建築物。另外「柱訓練」稍微帶到了甘露寺邸，可以發現甘露寺邸跟其他柱的住家同樣都是和館外觀，卻有一格畫到宅邸內部的洋式裝潢。這也許是蜜璃把宅邸的和室按照「當今流行」而改裝的吧！

明治大正時期當然也有不少採用真正西洋建築技術建造的洋館，尤其政府從明治初期以來便大力招聘海外建築家，吸收其技術並建立起系統性的建築教育體系來培育日本建築家，讓他們從事政府機關、學校和住宅等建設。其中最具代表性的建築物，便是大正三年（一九一四年）

落成的東京車站。東京車站曾於一九四五年遭遇東京大空襲而燒毀大半，其修復工程直到二〇二一年才完成，成功還原了當時的外觀樣貌，得以復活。

此外，當時西洋正流行所謂的「裝飾風藝術」（art deco），這是種以直線和幾何圖形為主題的裝飾風格，以至於明治大正時期，許多西洋建築甚至室內裝潢都能看到這種風格。甚至其他並未直接接受前述建築教育的木匠和職人，也在日本各地蓋起了模仿洋風的「擬洋風建築」，一口氣拉近了西洋風格設計與人們的距離。可惜的是，天花板挑高、開放性較低的正統洋館，始終難以貼合日本人的生活習慣，僅有少部分財力雄厚的政治家、企業家會將洋館當作起居空間而非接待賓客使用。

細數作品中的住宅，唯有鬼舞辻無慘以「俊國」身分做人養子的資產家住宅，以及珠世的住家，這兩間並非和洋折衷，而是真正的西洋式住家（無慘和珠世這兩個活得最久的鬼，住的卻是「最新」的住宅，倒也有趣）。

庶民的傳統住宅

至於炭治郎、鱗瀧左近次、（入隊前的）時透無一郎等山區居民住的房屋，幾乎完全維持從前江戶時期的模樣，沒什麼改變，甚至當時都心地區也還有許多庶民依舊住在傳統的「長屋」裡（尤其關東大地震發生前的長屋，其房間與通道配置等各方面都保有濃厚的江戶時代色彩）。

一間長屋基本上有六疊[8]大，其中一．五疊是從外頭延伸到門內的泥土地，其餘四．五疊則是鋪有榻榻米的生活空間，這樣狹小的空間住進一家四口也稀鬆平常。至於加入鬼殺隊以前不死川一家人住的房子，應該是進入大正時代才出現的兩層樓長屋。這種長屋是在從前的平房形式上增設二樓，可以在面向巷子的二樓曬衣服之類的，盡量在有限的空間內擴展居住空間。即便如此，不死川家六個孩子加母親共七人要住在這裡，依然顯得非常擁擠。

另一方面，明治四十三年（一九一〇年）第一批洋式木造公寓在上野建造，進而形成後來大正時期所謂「集合住宅」這樣的全新生活模式。而第一批鋼筋水泥結構的集合住宅，則首見於大正五年（一九一六年）長崎的端島（軍艦島），其耐震性能遠高於當時仍屬主流的木造結構，從此成為集合住宅的固定形式，並且在大正十二年（一九二三年）關東大地震以後迅速普及。

從此，我們可以發現中產階級和庶民，以及關東大地震發生前和發生後，這兩個階級、兩個時期的居住環境可說是天差地別，甚至是兩種迥異的文化。大正時代就是這樣一個不可思議的時代。

8 譯注：疊，指一個榻榻米的面積，兩疊約等於一坪。

大正時代的交通基礎建設

無限列車篇的舞台必然是蒸汽火車？

《鬼滅之刃》無限列車篇中，炎柱煉獄杏壽郎與炭治郎等人展開死鬥，地點竟是疾速行駛中的蒸汽火車。極富速度感的動作場面接二連三出現，是娛樂性很強的一篇。

《新幹線大爆破》（一九七五年）、《滅》（*Runaway Train*，一九八五年）、《煞不住》（*Unstoppable*，二〇一〇年）都是以行駛中列車為故事舞台的傑作，並為此類型故事打下堅實的基礎。而連載《鬼滅之刃》的漫畫雜誌《少年 Jump》，另一部作品《JOJO 的奇妙冒險第五部 黃金之風》也曾畫到特快列車車廂內令人窒息的戰鬥場面。該如何運用失控列車的設定來吸引讀者，相當挑戰作者的功力。

喜愛《鬼滅之刃》的朋友應該會好奇，無限列車篇中的蒸汽火車，在大正時代實際上是種什麼樣的交通工具呢？且讓我們先回頭看看日本蒸汽火車的歷史。

鐵路迅速擴散至全日本的大正時代

一八二五年，全世界第一個正式營運的鐵路誕生於英國。這條以運送煤炭為主要業務的鐵路獲得成功以後，鐵路得以擴散到全世界。然而日本卻礙於江戶幕府的對外政策，鐵路遲遲沒有傳入國內。

等到日本第一條鐵路開通，已是明治五年（一八七二年），落後世界將近五十年之久。這部蒸汽火車也被叫作「陸蒸汽」，以五十三分鐘的車程連接新橋與橫濱兩地，當時被視為文明開化的象徵，蔚為風潮。

明治二十年代到三十年代的前期，日本各地陸續有新的鐵路誕生。明治二十二年（一八八九年）從新橋直抵神戶的「東海道本線」全線開通，從前人們沿著東海道要從東京前往京都，平均耗時十二天十一夜，如今縮短到只需短短一天。

及至明治三十八年（一九〇五年），日本鐵路總長度已經達到約七千七百公里，這個數字已占今日日本鐵路總長度的百分之三十左右。不過其中大約有三分之二，也就是五千兩百公里長的鐵路是私人鐵路。在新橋與橫濱之間的鐵路開始營運以前，日本軍部本來對鐵路抱持反對立場，然而甲午戰爭、日俄戰爭卻改變了軍部對鐵路的看法，全因為用鐵路來搬運士兵和軍需用品的效率實在是太高了。

隨著政府內部主張將鐵路分批國有化的聲浪愈發高漲，明治三十九年（一九〇六年）將私人鐵路國有化的法案成立，政府在翌年明治四十年（一九〇七年）便將七千兩百公里的鐵路收歸國有。明治後期到大正初期，政府又陸續建設新的鐵道路線，到大正九年（一九二〇年）為止，新建的鐵路總長度竟然長達兩千四百公里。

象徵大正時代的國產蒸汽火車

如前所述，炭治郎等人初次搭乘火車時，日本的鐵路正在蓬勃發展，因此蒸汽火車對民眾來說已不像起初那麼陌生稀罕。炭治郎等人初次接觸鐵路時，善逸其實並不怎麼驚訝也很合理；至於伊之助看到火車頭大吃一驚，從而做出許多莫名其妙的舉動，再再證明了伊之助是天生天養的野孩子，不諳世事。

接著讓我們來看蒸汽火車頭的發展過程。明治初期，日本並沒有製作蒸汽火車頭的技術，所以鐵路開通當時的十輛蒸汽火車頭，全為英國製。

製造方法相對簡單的貨車車廂和客車車廂，很快便先行國產化了，唯獨講究高度技術的蒸汽火車頭開發工作，卻窒礙難行。後來大阪有間名為「汽車製造」的公司於明治三十二年（一八九九年）著手製造小型的蒸汽火車頭，並開發成功；接著他們在明治四十二年（一九〇九年）為止的十年時間內，大量生產出多達五十一輛的蒸汽火車頭。

兩年後的明治四十四年（一九一一年），六七〇〇型中型蒸汽火車頭開發成功。雖說當時大型蒸汽火車頭仍仰賴海外進口，但總算看到國產化的曙光了。

明治末期，日本開始正式著手開發大型蒸汽火車頭，不久後，期盼已久的大型蒸汽火車頭九六〇〇型（暱稱九六）終於在大正二年（一九一三年）誕生。

當時總共製造了七百八十四輛九六〇〇型蒸汽火車頭，送往除四國以外的日本各地服役，將全日本鐵軌上行駛的火車頭，全部置換成國產，堪稱最有紀念意義的蒸汽火車頭。

再讓我們看看原作畫到的蒸汽火車頭，它的外形設計非常經典，是大正時代最具象徵性的國產蒸汽火車頭八六二〇型（暱稱八六），量產總數超越九六〇〇型，達到八百六十七輛。八六二〇型因為適合客貨兩用，所以長期受到愛用，甚至還有「有鐵路的地方就看得到八六」的說法，可說是最能勝任大正鉅作《鬼滅之刃》的名車。

與蒸汽火車融為一體的最後一名下弦之鬼被打倒以後，故事便如同失控的暴走列車般，一路加速疾駛。作者還在即將與上弦之鬼發生激鬥的這個節骨眼，特意把故事場景設定在蒸汽火車上，布局之巧實在令人佩服。

電車取代馬車與人力的大正時代

新橋到橫濱間的鐵路開通當時，東京都心尚無鐵軌，有錢人可以坐人力車或馬車，庶民則必須徒步。雖然如此，要在都心架設鐵軌，並非直接把鐵路從新橋車站往都心延伸這麼簡單。蒸汽火車行駛在市區，不但會有噪音、煙塵的問題，飛散的火星更有可能引起火災。有鑑於此，後來就引進了歐美許多都市常見的「馬車鐵路」。所謂馬車鐵路，就是由馬匹拉著客車在鐵軌上移動的鐵路。明治十五年（一八八二年）新橋與日本橋間的鐵路路線首先被建立。到了後來，路線繼續從日本橋向北延伸，行經上野直抵淺草，將當時東京的主要鬧區都連接起來。

至於利用馬達驅動的電車，則是於明治二十三年（一八九〇年）在上野公園舉辦的內國勸業博覽會上初次問世。明治二十八年（一八九五年），電車首次在京都車站與伏見之間開始營業，而東京也在明治三十六年（一九〇三年）開始從馬車鐵路轉換成路面電車。

之所以東京比京都晚了將近十年，是因為東京的馬車鐵路網絡相當完整，市民交通出行並無困難。即使如此，還是有許多人不堪馬匹隨地便溺。原來馬糞乾燥以後就會變得像稻草屑一般；遇到風強的日子，就連商店街也要把玻璃窗給關緊才不會有馬糞吹進來。棄用馬車改用電車，最高興的想必就是商店街的居民了吧。

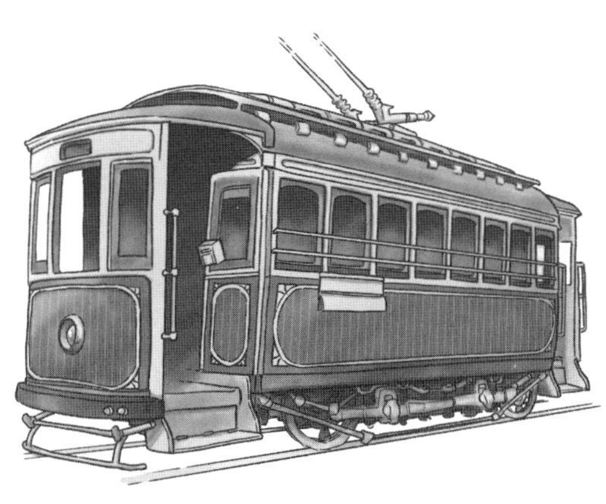

計程車與地下鐵相繼問世：追求速度的時代

同年明治三十六年（一九〇三年），汽車也開始從海外進口。而出現計程車公司，則是明治四十三年（一九一〇年）前後。進入大正時代以後，出現了人稱「圓車」（円タク）的計程車，東京市內車資一律一日圓。當時幾乎沒人買得起汽車，使得這種方便的交通工具大受歡迎。當時一日圓的價值，相當於現在的兩千日圓（約台幣四百九十七元）。

剛開始人們還不太習慣計程車，經常錯失招手叫車的時機，所以後來計程車便在車內增設了一名負責招攬客人的助手，據說助手與助手間時常為了搶奪乘客而大打出手。

而且那個時候，假如先前已經載到了很多客人，又或者計程車司機心情很好，有時還會給乘客一日圓的車資打個折，實在是個自由快意的時代。

東京的人口在明治十五年（一八八二年）約為一百一十五萬人，大正十年（一九二一年）就已經迅速增加至約三百八十三萬人。東京的路面電車車廂變得愈發擁擠，同時汽車數量也成長，提高了電車行駛的難度。就在這個節骨眼，地下鐵被發明出來了。

大正末期，東京開始籌備計畫建造地下鐵；昭和二年（一九二七年）十二月三十日，日本

第一條地下鐵正式開通，連接今天東京地下鐵銀座線淺草站與上野站。

鐵道冷知識

從明治五年（一八七二年）日本第一條鐵路開始營業，到明治二十一年（一八八八年）為止，日本的列車上其實一直沒有設置廁所。開業當時，火車的行駛距離較短，所以壓根沒有想到要在車上做廁所，直到後來行駛距離愈來愈長，缺乏廁所的問題才終於浮上檯面。

人們必須在短暫的停車時間內，趕緊往車站的廁所衝，一直以來都有不少人趕在列車啟動最後一刻才跳上列車，險象環生，最後終於發生了政府高官沒能跳上車廂而摔死的嚴重事故。因為這次事件，政府才緊急從英國購入附有廁所的客車，並陸續安排附設廁所的客車車廂投入行駛行列。

那麼從前列車沒有廁所的時候，如果列車仍在行駛中，實在忍不住尿意的乘客是怎麼處理的呢？其實沒別的辦法，就只能從車窗往外尿。當然這類行為是要吃上罰款的，可是仍無法制止類似事件，據說鐵路沿線的居民長期以來抱怨、投訴不斷。

大正時代的民生基礎建設

為帝都增添光彩的新基礎建設

瓦斯和電力等民生新型基礎建設，在明治時代開始出現。首先登場的是瓦斯燈。明治五年（一八七二年）十月，橫濱率先在路上點起瓦斯燈；兩年後，東京銀座的紅磚街也跟進。

不過，瓦斯路燈畢竟僅限於都會地區。在炭治郎住的農村地帶，也僅有少數人家會從沼地收集甲烷，又或者從牛糞採集氣體來點亮自家自製的瓦斯燈。

由於瓦斯本身並不普及等因素，後來瓦斯燈的鋪設一直沒有進展。終於在明治三〇年代，瓦斯逐漸普及，帝都才開始在道路上設置瓦斯路燈。

後來，取代竹纖維燈絲燈泡的鎢絲燈泡問世，使得燈泡的亮度和壽命都獲得飛躍性成長，日本也把瓦斯燈陸續汰換成了電燈。

電燈的明亮程度，遠非瓦斯燈可以比擬。據說當時許多家庭換上電燈以後，才發現家裡有以前蠟燭照不到的汙垢，慌慌忙忙捲起袖子來打掃；甚至還有人以為電燈跟燭火一樣怕風，而一直緊閉門戶，可以看到電燈是如何急遽改變了民眾的生活型態。

生活因瓦斯與電力而愈發便利

自從大正初期日本開始逐步將瓦斯燈改為電燈，點燈的瓦斯用量自大正四年（一九一五年）起便逐年下降，不過作為生活燃料的瓦斯用量卻愈來愈高，終於演變成點燈用電、廚房用瓦斯的生活型態，並延續到現代。

現在會在瓦斯裡面添加人工臭味，以免無法察覺到瓦斯外洩，但在大正時代還未採取這種措施。一九三七年，美國發生無臭瓦斯外洩，造成爆炸事故，世界各國才懂得要在瓦斯裡面添加人工臭味，使瓦斯漏氣時人們能儘早察覺。

若是嗅覺特別靈敏的炭治郎，就算瓦斯沒有另外添加臭味，他也絕對能立刻發現瓦斯外洩吧。如果炭治郎去瓦斯公司工作，肯定會受到公司重用。

有了瓦斯與電力基礎建設，點綴生活的各種新產品才能陸續問世。那麼，大正時代究竟有哪些吃電和吃瓦斯的產品呢？

吃瓦斯的器具首先就是瓦斯爐，其他像瓦斯窯、咖啡機、麵包烤箱等都是當時已經有的產品。

電器產品則有電風扇、烤吐司機、電煮壺、電熱水瓶、桌上型麵包烤箱、熨斗和收音機等。大正十一年（一九二二年）洗衣機和電冰箱也引進日本，不過這兩樣產品要進入一般家庭，還要很長一段時間。

家族同樂的廣播年代

廣播於全球首次試播是在一九〇〇年，出自加拿大發明家范信達（Reginald Fessenden）的手筆。日本的廣播則始於二十五年後的大正十四年（一九二五年）三月二十二日，由社團法人東京放送局（現在的ＮＨＫ）從位於東京芝浦的東京高等工藝學校（千葉大學的前身）送出廣

播訊號。根據紀錄，當時播音員說的第一句話是：「啊—啊—聽得到嗎？JOAK[9]，JOAK，這裡是東京放送局，我們從今日的此刻開始放送。」

當時的廣播每天只播放五個小時，而且雜音很多，實在不容易聽得清，不過節目內容除了新聞播報、賽事轉播以外，還有音樂節目和廣播劇等各種娛樂節目，吸引不少人全家齊聚在收音機前，聚精會神地收聽。

其實早在大正十四年開始公共播放以前，日本早已出現過廣播。那是大正十二年（一九二三年）九月一日，正是關東大地震發生後不久，但廣播內容卻是毫無根據、宣稱朝鮮人在水井裡投放毒藥的煽動謠言。

現代的社群網站非但可以蒐集情報，也能讓每個人輕易向外發送訊息，但這些訊息中不少都是所謂的網路流言。無論以前或現在，都必須慎重確認情報的真偽才好。

9 編按：JOAK，為其中一個NHK-FM的頻率代號，代表東京放送局。其他如大阪為JOBK，名古屋為JOCK。

大正時代的通訊基礎建設

鴉絕非空想？飛鴿傳書的活躍

通過最終選拔、被鬼殺隊錄用為正式隊員以後，除了隊服外，每個人還會分配到一隻叫作鎹鴉的烏鴉。鎹鴉可以讓隊員接收到鬼殺隊的高層指令，還能用來跟其他隊員聯絡，是用來溝通、聯絡的媒介。有時鎹鴉傳達高層指令時完全不給人喘口氣的餘地，甚至還會欺軟怕硬。每隻鎹鴉都有自己獨特的個性，是可憎又可愛的搭擋。

大家都知道烏鴉是非常聰明的生物，雖然鎹鴉是虛構的動物，但倒也不是毫無根據的想像。會這麼說，是因為自古便有利用鴿子的「飛鴿傳書」手法，而明治時代，日本陸軍也確實做過軍用通訊鴿的實驗。

到了明治時代後期，就連報社也開始引進飛鴿來傳遞獨家新聞和新聞照片。例如記者外出採訪時，就會帶著鴿子到現場，再把現場攝影的底片交由鴿子先行送回報社去。

大正時代到昭和中期以前，許多規模較大的報社不但設有鴿舍，還會僱用專人負責飼養、訓練鴿子。既然智力比鴿子更高，那麼烏鴉如果能傳達指令其實也不意外。至於麻雀能否勝任同樣的工作，仍未可知，可以推測善逸分配到的那隻肯定是隻智力超群的麻雀。

然而飛鴿傳書不時會有突發裝況，例如鴿子途中迷失方向，或遭受猛禽攻擊等，往往無法全數順利返回或毫無損傷。傳信鴿的壽命又短，對鴿子來說是相當吃重的工作。

電話普及率低是因為可能感染霍亂？

日本第一條電話線路，始於明治二十三年（一八九〇年）的東京與橫濱之間。現在人手一台智慧型手機，無論身在何處都能立即與人取得聯繫，但那時候的人可沒那麼容易就能接受這個新事物。電話局剛成立時，東京只有一百五十五人申請加入電話線路。一來民眾沒能充分理解電話的便利之處，二來是受到當時霍亂疫情的影響。原來當時曾有謠言，聲稱使用電話可能會感染霍亂。

當時，唯有家境相當富裕的家庭才有能力申請獨立的電話線，經濟不許可的人家則會跑去家裡有裝電話的鄰居家借用電話，或是拜託鄰居代為轉接。

明治三十三年（一九〇〇年）九月，上野和新橋兩個車站站內新設了全日本第一批公共電話（當時叫作自動電話）。沒多久，同年十月京橋又設置了純白色的六角錐電話亭，讓路過的行人嚇了一大跳。人們便是透過公共電話才開始體會到電話的方便，使電話逐漸普及全日本。

與現代單鍵撥號大相逕庭的通話方式

明治大正時期的電話並不像現代是自動接線式，而是必須把電話號碼念給接線生，接線生才會把線路接到對方的電話去。自動接線式電話則是大正十五年（昭和元年、一九二六年）的產品。

那麼手動接線的公共電話要怎麼打呢？

1. 轉動把手，呼叫電話局的接線台。
2. 把對方的電話號碼告訴接線生。

3. 聽到接線生說「請投幣」以後，拿出五錢和十錢硬幣各一，投入投幣口。
4. 接線生確認聽到硬幣投入的聲音後，便會接通電話。

從現代人的角度來看，這樣打電話的步驟實在非常麻煩。有些人會懷疑，接線生怎麼知道打電話的人確實投入十五錢了呢？原來當時的公共電話投入五錢硬幣會響起「叮」一聲，而十錢硬幣則會響起「嘣」一聲。

大正六年（一九一七年）開始實施火災通報制度以後，只要拿起話筒說「失火了」，接線生就會馬上幫忙接通消防署。大正十五年（一九二六年）東京率先將接線工作自動化，從此要通報火災須撥打「一一二」，昭和二年（一九二七年）號碼才改為「一一九」。

假如《鬼滅》世界裡沒有會說人話的聰明烏鴉，鬼殺隊是不是就要打公共電話來交換情報了呢？

「喂喂喂，請問是產屋敷家嗎？敝姓竈門，下一個目的地……」像這樣打公共電話的劇情，倒也值得一看。

大正時代的新文化

嚴禁穿鞋進入的百貨店

炭治郎等鬼殺隊隊員長期與鬼對抗，不曾有半點鬆懈，但假如鬼殺隊有休假的話，他們會怎麼安排呢？甘露寺蜜璃和伊黑小芭內應該互相懷有好感，那麼當時的男女又有什麼樣的戀愛觀呢？且讓我們看看鬼殺隊平常都過著什麼樣的生活。

隨著大正時代生活水準普遍提升，人們漸漸有能力從事娛樂活動，進而使大眾文化有了長足發展。尤其都會地區更是充斥形形色色的娛樂設施，而其中最耀眼的娛樂之星，便是百貨公司了（當時稱作百貨店）。

從明治三〇年代到四〇年代之間，三越、松坂屋、大丸等百

貨店陸續開業，然而形態卻迥異於現在的百貨公司，原來明治時代的百貨店竟然嚴禁穿鞋進入，規定客人必須在進場時脫掉鞋子、換穿拖鞋。

為什麼要這樣大費周章？其實這是因為三越、大丸、高島屋的前身都是和服老店，習慣跪坐在榻榻米上跟客人談生意。大正初期興建的百貨店，多是文藝復興樣式的華麗建築，而裡面的消費也遠非庶民所能負擔，可以說是專為上流階級服務的專屬百貨。

「今日帝劇，明日三越。」這是三越與帝劇雙方聯手合作的宣傳語，後來也成了大正時代的流行語。帝劇是大正時代最時髦的劇場，三越則是最高級的百貨店；出入帝劇和三越，等於是走在時代最尖端。

直到大正時代接近尾聲的大正十五年（一九二六年），大阪的三越和大丸才開始接受穿鞋入內，並開始販售庶民也買得起的衣料服飾、雜貨和生活用品。與此同時，部分百貨店也開始設置水族館、屋頂動物園等設施，慢慢轉型成類似現代百貨公司這種提倡全新生活型態的最新流行情報發源地。

與百貨公司同時成為大正時代新文化的，還有「咖啡店」。從前在甘味處吃年糕紅豆湯的女學生，這下都跑到咖啡店喝咖啡了。咖啡店在當時是摩登男女聚會、聊天的社交場所。假使鬼殺隊的成員們一齊來到咖啡店裡談笑閒聊，那麼他們特異的打扮，搞不好會被視為走在流行最尖端，從而吸引大批媒體前來採訪吧。

大正二年（一九一三年）水果專賣店的銀座千疋屋蓋了一棟全新的三層樓店舖，一樓店面販賣水果，二樓開設名為「果實食堂 Fruit Parlor」的餐廳，這便是日本第一家水果甜點店。

「新女性」的時代序幕

大正是日本女性開始進入社會、大顯身手的時代，流行語「新女性」也應運而生。此語固然可以指稱有學識、有教養的時髦女性，但卻也經常被守舊分子用來揶揄那些違反傳統、特立獨行的女子。那時，女性必須像這樣對抗世俗偏見，才能有愈來愈多女性投入社會。

大正時代還有個象徵新時代的用語「職業婦女」，也經常被雜誌等刊物作為特集主題。此處的職業婦女專指白領階級，也就是從事事務員、店員、文書處理員、護理師等專業的女性，並不包括工廠女工和其他以肉體勞動為主的職業。

職業婦女之所以增加，主要是因為第一次世界大戰過後經濟不景氣造成家計困難，女性必須外出求職，而企業也在尋找更廉價的勞動力。

儘管大眾媒體拿這事大作文章，可是世人對職業婦女的偏見仍然極深，女性只有在尚未結婚前、且不影響到家事的前提下就業，才會被認可，而且勞動所得還遠比男性低得許多。

人生苦短，少女戀愛吧！大正戀愛風潮

大正時代有實踐「自由戀愛」的文化分子和進步派人士膾炙人口的風流韻事，又有廚川白村發表《近代的戀愛觀》提倡戀愛至上主義，從而形成了一股戀愛風潮。關於男女「自由戀愛」是好是壞，廣受當時的人討論。

然而實際上，大多數女性依舊和從前一樣，一面在家幫忙家事，一面從事新娘修行，接著跟父母選定的對象結婚。即便如此，這個戀愛風潮畢竟象徵封建主義終將瓦解，值得給予高度評價。

女性進入社會與女性文化

舞動青春戀歌的少女

如前所述，大正時代的女性在社會各個領域均有更深、更廣的參與，也形成了多樣的女性文化，其中最值得一提的莫過於「寶塚歌劇團」。

大正二年（一九一三年），箕面有馬電氣軌道（現在的阪急電鐵株式會社）創辦人小林一三為促進民眾搭乘鐵路，而組成「寶塚唱歌隊」進行宣傳。同年十二月改名為「寶塚少女歌劇養成會」，翌年便舉行了第一次公演。大正八年（一九一九年），依附於學校組織並傳襲至今日的「寶塚少女歌劇團」終於誕生，寶塚大劇場也在大正十三年（一九二四年）開幕。

這種所有演員清一色由女性演出的全新嘗試，很快便擄獲了全日本的女性觀眾，甚至還衍生出一個專有名詞「寶塚女孩」，指這些女性戲迷。

身處男性、父權本位的現代社會，就算只是虛構的戲劇舞台也好，有寶塚這種純女性世界的存在，想必是世間萬千女性重要的精神支柱。無論當時抑或現在，成為「寶塚女子」[10]一直是日本女性的夢想。假如甘露寺蜜璃加入的並非鬼殺隊而是寶塚，必定能善用其超人的運動能力與修長的身材，成為專門飾演男主角的頭牌明星。

寶塚的話題先告一段落，其實小林一三也是大正九年（一九二〇年）日本第一間車站共構百貨——阪急百貨店的創立者。另外，小林還會提供窮人白飯和無限量供應的醬汁，讓有難處的人也能吃得上飯，因為他相信「必須立刻讓現在沒飯吃的人吃上飯」。聽完這故事，是不是覺得他跟性情溫厚、處處為人著想的炭治郎頗為類似呢？

或許也因小林的經營理念，阪急百貨才能年復一年創造出莫大收益。

化妝品的進化帶來全新女性美

大正時代還有另一項對現代女性來說不可或缺的東西普及開來，那就是化妝品。

歐美的化妝美容於明治時期傳入日本，當時主要吸引上流階級人士仿效，直到大正時代，才真正滲透進一般大眾。而流行的妝容也從最早偏向厚重的妝感，逐漸演變成現在日本強調肌膚美的自然妝感。化妝品的種類也不斷增加，尤其化妝水、乳液等基礎化妝品更是有不少國產商品相繼問世。之後日本也陸續開發出口紅、腮紅、指甲油、眉筆等西洋化妝品，以及香水、古龍水等香氛產品。

大正六年（一九一七年），資生堂開發出一個改變化妝概念的劃時代產品，那便是可視個人膚色搭配使用的蜜粉，名為「著色福原粉白粉七種」，裡面共有白、黃、肉黃、綠、玫瑰、牡丹、紫色總共七種顏色，可供使用者視膚色、生活場景的不同，任意選擇顏色使用，是種全新的蜜粉。而化妝品公司也不能只單純販售產品，還必須直接跟客戶面對面說明產品使用方法，或者為客戶設計、搭配流行的妝容打扮，滿足客戶的綜合需求。這種經營方式，也是在大正時代確立下來的。

擄獲大正萬千少女的抒情畫世界

聽到「大正浪漫」一詞，相信不少人就會連想到竹久夢二、高畠華宵、蕗谷虹兒、加藤正男等人的抒情畫。

所謂抒情畫，就是以青春期前後的少女為主題，揣摩少女的敏感心思、呈現多愁善感之姿的插畫。諸多畫家風格不同，各有擅長，為當時的少女雜誌和明信片增添了不少顏色。

從抒情畫的世界可以發現，大正時代女性文化的發展進步，確實影響了稚嫩的少女們，讓她們可以自由發展興趣，並重視個人的精神世界。可惜的是，當時的女性儘管曾一度踏入社會，終究還是要走上結婚生子的既定道路。不知多少女性都將自身投射在竹久夢二等人筆下的女性形象，聊作慰藉。由此看來，抒情畫的定位或許相當於現代的戀愛劇或少女漫畫。

《鬼滅之刃》的鬼殺隊女性隊員，幾乎個個都不遜於男性，活出自己的風采。胡蝶忍付出生命作為代價，對上弦之貳童磨造成了致命的打擊；而鬼舞辻無慘之所以被逼到退無可退，不也是因為另一名女性珠世的堅強意志嗎？

在大正這個對女性仍懷抱偏見和歧視的年代，《鬼滅之刃》的鬼殺隊女隊員，以及周圍諸多鼎力相助的女子們不惜燃燒自己也要貢獻社會，這種信念可說是大正時代的女性楷模。

10 譯注：寶塚女子，原文為「タカラジェンヌ」（Takara-sienne），是由寶塚（Takarazuka）與巴黎女子（Parisienne）組成的詞，是寶塚團員的暱稱。

大正時代的兒童玩樂

養成炭治郎性格的大正時代遊戲

竈門家包括炭治郎、禰豆子在內，共有六個兄弟姊妹。大家正是愛玩的年紀，想必平時總會熱熱鬧鬧地一起快樂玩耍。就如竈門家的孩子，大正時代的孩子們都會玩什麼遊戲呢？

在這個沒有電視、網路的時代，山川原野便是孩子們最好的遊樂場。大自然裡有捉蟲捕魚等無數玩耍花樣，當時的孩子們便是透過遊玩學習自然界的奧妙，在山野裡盡情奔跑。小小孩、大小孩全都玩在一起，孩子們自然而然就學會了「不可以只顧自己」、「大家要一起保護弱小」的社會觀念。

炭治郎責任心重、無法棄弱小於不顧的性格，想必便是從每天的遊戲中自然養成的。

反映時下流行的「扮演遊戲」

大正時代就連成年人都有「摩男」「摩女」，仿效西洋裝扮，追逐流行，孩子們的遊戲當然也會受到影響，懂得模仿時下流行的電影情節玩耍。

過去，忍術電影、劍陣電影曾大為流行，孩子們就會玩起忍者遊戲和打鬥遊戲，孩子從高處跌落或者意外受傷的事件也頻頻發生。昭和四〇年代中期，英雄變身片蔚為熱潮，同樣有許多孩子從高處跳下受傷，釀成意外。看來無論時代如何變化，孩子就是孩子。

另外，大正時代孩童間還流行一種「吉格瑪」扮演遊戲，這個遊戲是模仿法國電影中，怪盜吉格瑪把警察和偵探玩弄於股掌間的劇情。孩子會分成怪盜吉格瑪和偵探兩個陣營互相追逐，後來政府卻以「將壞人英雄化有礙教育」為由，對電影祭出禁令，實在是冷酷無情。

新材料掀起玩具新浪潮

玩耍時玩具也不能少，當時孩子們手裡拿的是什麼樣的玩具呢？明治到大正時期，比較常見的玩具有貝獨樂[11]、面子[12]、雙陸棋[13]、彈珠、踢石頭、沙包等，都是些構造非常簡單的東西。

最早的面子是用粘土燒製而成；明治時代以後改用鉛來製作，不過鉛面子卻在明治三十三年（一九〇〇年）發生了鉛中毒事件而逐漸退出市場，從此改由紙製的面子成為主流。

這些玩具通常要到雜貨店或者祭典上的攤位去買，而雜貨店前面也經常會有大批孩子拿著剛買的玩具在這裡一起玩耍。

如果是比較大一點的玩具，則有流行過一種兒童乘坐的「大正滑板車」（大正スケート）。這種滑板車起先只是在小型腳踏車的前輪裝個把手而已，進入大正時代以後，才又加裝附有後輪的踏板，進化成可供單腳踢地前進的滑板車。沒想到現代滑板車的始祖早在大正時代便已經存在，實在令人出乎意料。

明治末期到大正十年這段期間，使用橡膠、玻璃、馬口鐵、賽璐珞合成樹脂等新材質製作的玩具，陸續從西洋傳入日本。

大正二年（一九一三年）就有賽璐璐材質的Q比娃娃傳入日本，在小孩群體間掀起一陣流行。後來甚至還創作出一首叫作〈Q比醬〉的童謠，助長了人氣，使得一介吉祥物竟搖身一變，成為大受兒童歡迎的角色。製作「Q比美乃滋」的食品公司（現在的 Kewpie 株式會社）便是誕生於此時。

明治到大正時代，德國本是世界第一的玩具大國，可是隨著大正三年（一九一四年）第一次世界大戰爆發、德國等歐洲諸國紛紛捲入戰端，玩具訂單大批轉向日本，大大助長了玩具產業的發展，讓日本成為與德國齊名的玩具王國。

另外，現代已是主流的角色玩具，同樣首見於大正時代。例如日本報紙刊登的人氣四格漫畫《阿正的冒險》、《慢吞吞老爸》等，不少風靡一時的人氣角色都有推出周邊玩具並引起流行。由此可見，日本現代玩具產業的雛型便是建立於大正時代。

11 譯注：獨樂（ごま）是日語的陀螺，而「貝獨樂」（ベーゴマ）起源可追溯至平安時代，原是將日本鳳螺的空殼塞滿沙土或黏土，當成陀螺來打。後來被鐵鑄的玩具取代，但底部仍保留如螺貝一般的螺旋雕刻。

12 譯注：面子（めんこ），是種相當於台灣所謂「尪仔標」的小玩具。

13 譯注：雙陸棋（双六），漢字文化圈一種傳統的二人桌上遊戲，相傳是三國曹魏宗室曹植引進波羅塞戲後，再糅合六博所創。日本大正時代的雙陸棋是以擲骰子決定是否移動棋子，先走完所有棋子的人便獲勝。

第六章

什麼是鬼

只要了解日本傳說中記載的各種類型的鬼，自然就能發現無慘率領的眾鬼跟日本自古流傳下來的鬼有什麼共通點，又有何不同。

論鬼

《鬼滅之刃》承襲的日本傳說鬼怪

日本有《桃太郎》、《一寸法師》、《酒呑童子》等許多討伐鬼怪的故事流傳至今，而《鬼滅之刃》可以說是最新的版本。

為迎合現代讀者胃口，《鬼滅》中的鬼有不少嶄新的設定，其性情與個性也是獨樹一幟，不過仍跟傳說的鬼怪有著很深的關聯。就讓我們試著以「鬼」為主題，探討《鬼滅之刃》作品中鬼的源流。

日本人盡皆知的靈異現象——什麼是鬼

對日本人來說，鬼是種很熟識的角色。從孩提時代就會聽人講鬼故事，現代更是有各種鬼出現在奇幻作品和遊戲世界中，時時影響著我們的深層心理。

「鬼才」、「鬼門」、「疑心生暗鬼」……「鬼」一字頻繁出現在人們的日常會話中，書名、劇名中有「鬼」字的小說和戲劇更是不勝枚舉。

現在的日本，節分祭要撒豆驅鬼的習俗已擴散至全國，各地也會舉辦許多跟鬼有關的祭典，再再證明了鬼的形象已成為全日本共通的文化財產。那麼，究竟什麼是鬼呢？

「鬼」一字可見於《日本書紀》與《風土記》等古文獻，足見這個概念自古便有；人類時時意識到鬼的存在，可是真正見過鬼的卻少之又少。人們相信鬼跟許多精靈一樣，擁有強大的靈氣，對他們非常敬畏，並相信他們屬於某種絕非人類可以涉足的神祕領域。

據說日語的「鬼」（oni）字，源於「陰」（on）字，意指肉眼看不見的事物。鬼並無實體，因此過去每當有疾病或災難等厄事發生，往往就會被歸咎於鬼。

後來受到佛教思想的影響，日本的鬼也慢慢被賦予佛教中地獄之鬼的模樣：頭上有角（雙角或獨角）、毛髮鬈曲、腰纏虎皮、手中擎著一柄大鐵棍……頭頂牛角、腰纏虎皮的設定，其實是來自陰陽道的思想，認為鬼會從位於「丑寅」方位（東北方）的鬼門入侵。鬼的外形確立下來以後，民間故事才出現「擁有超常力量者＝鬼」這樣的共通認識。

然而鬼的形象始終千變萬化，甚至有些鬼還會保護人類或帶來好運，使得「什麼是鬼」一直沒能有個明確的答案。可以確定的是，身懷怪力、生性凶殘、沒有慈悲心可以說是鬼的共通屬性，而鬼也因此成了恐怖的象徵。

日本的鬼種類繁多，以下就來看看比較有代表性的幾種。

鬼的種類

・靈鬼（れいき）

死者的亡靈含恨化成的鬼。從某方面來說，靈鬼比活生生的鬼怪還要恐怖，會停留在自己斷氣的場所，不斷殺戮。

・溫羅（おんら）

《桃太郎》的故事，源自「吉備津彥命之溫羅退治傳說」，溫羅就是裡面的鬼，據說擁有驚人的怪力還能行使各種咒法，可說是最強等級的鬼。

・羅刹（らせつ）

印度神話的破壞與滅亡之神。羅刹身懷巨力，奔速極快，是吃人的惡鬼。後來被佛教吸收成為守護神，能用劍斬斷煩惱。

・夜叉（やしゃ）

日本經常將女鬼稱作夜叉。其實夜叉本是印度的鬼，跟羅刹一樣後來都被佛教吸收，成為守護佛法的鬼神。藍色眼瞳為其特徵。

・惡鬼（あっき）

在人間散播邪惡的鬼，亦稱邪鬼。也是與佛法為敵的邪惡鬼神。日本在節分祭有撒豆驅鬼的習俗，驅趕的便是這個惡鬼。

・**獄卒（ごくそつ）**

負責懲罰下地獄死者的鬼。地獄裡面有很多鬼，像這種專門負責折磨死者的鬼官差，便喚作「獄卒」。

・**餓鬼（がき）**

骨瘦如柴、腹部隆起的小鬼，是因為生前的罪行而墜入餓鬼道的死者。餓鬼總是饑餓非常卻怎麼也吃不進食物，是種極悲慘的鬼。

・**小鬼（こおに）**

小鬼即指小型的鬼，或者孩童的鬼，也可用來統稱喜歡惡作劇的小鬼。小鬼又分兩種，一種面貌醜陋心懷惡意，另一種則是喜歡惡作劇的妖精。

・**鬼神（きしん）**

擁有巨大力量的破壞神。一般人看不見也聽不見，是擁有超凡能力的鬼神，自古以來便極受敬畏。

・般若（はんにゃ）

有張血盆大口的女鬼。般若面具象徵女性的憤怒與嫉妒，般若心經則能驅除怨靈，因此般若其實是種頗具象徵意義的鬼。

・山姥（やまんば）

日本民間傳說中經常化成老太婆或美女模樣的鬼。相傳山姥住在深山，會借宿給過路的旅行者，再趁機吃人；也有部分傳說指出山姥的屍體或排泄物會變成金銀財寶。

・目一鬼（まひとつおに）

出現於《出雲國風土記》，是日本最古老的鬼。除了獨眼會吃人以外，其他不詳。目一鬼也是鐵匠之神[1]，往往被描繪成獨眼、獨手獨腳的模樣。

・天邪鬼（あまのじゃく）

許多日本民間傳說和文獻都曾提及天邪鬼，其最大特徵便是長相極醜。相傳天邪鬼能夠洞悉他人心思，還會剝人皮來假扮人類。

・牛鬼（うしおに）

這是種類似牛與鬼合體形成的怪物。不同傳說對其外表有不同說法，有「頭是牛身體是鬼」、「頭是鬼身體是牛」、「身體是蜘蛛」等各種版本，能力也各不相同。

西洋鬼和鬼舞辻無慘的共通點

當然，西方同樣也有許多類似鬼的傳說生物，例如奇幻小說和遊戲裡常見的食人魔（ogre）、山怪（troll）和地精（goblin）等。

傳說食人魔會吃人，一張臉總是充血漲紅，下巴有鬚，長得跟日本的赤鬼頗為相似。山怪的性格狂暴，體型龐大，鬚髮倒豎而面貌醜陋，形象跟日本的鬼比較接近。至於地精，往往被描繪成醜陋又邪惡的小矮人，相當於日本的「小鬼」和「餓鬼」。

鬼舞辻無慘能夠把血分給他人將其變成鬼，而陽光是其最大弱點。日本的鬼並無上述屬性，反倒是西方的「吸血鬼」才有類似特徵。

自古，歐洲諸多民間故事與傳說都有記載過吸血鬼，而且大部分都說吸血鬼會生飲活血，而被吸血的人也會變成吸血鬼。吸血鬼是不死之身，還能變身成各種模樣，這些也都跟無慘相通。也許作者是因為《鬼滅之刃》描寫的是積極吸收西方文化的日本大正時代，才為無慘賦予了西洋吸血鬼的形象也未可知。

《鬼滅之刃》的變身鬼：鬼的分類

除了前面提到的鬼，日本還有成千上萬的鬼，可以分成幾個大類。文藝評論家馬場明子便把鬼分類成以下五種：

1. 民俗學意義上的鬼，祖靈和地靈。
2. 山岳宗教的鬼、山伏信仰的鬼，如天狗。

3. 佛教的鬼，如邪鬼、夜叉、羅剎。
4. 人鬼，如盜賊和凶惡的無賴。
5. 因怨恨或憤怒變身成鬼的變身鬼。

《鬼滅之刃》的鬼從前都是人類，也就是前述分類的第五類。即便是力量超群的鬼舞辻無慘，原先也不過是名孱弱多病的青年。甚至十二鬼月裡，有不少都是因為某種不得已的苦衷或不幸的過往，心裡早已有鬼，才會被無慘利用，進而變成了鬼。

日本有個跟十二鬼月同屬變身鬼的著名傳說——酒吞童子。

絕世惡鬼酒吞童子的悲歌

從前從前，丹波的大江山有個叫作酒吞童子的大惡鬼，帶領手下占據此地。每到夜裡，酒吞童子就會潛入都城，擄掠少女。當時，都城有位名叫源賴光的英勇武士，皇帝便命令源賴光等六名武士前往討伐惡鬼。一行人剛走進深山，便遇見了三名老人。老人拿出一瓶可以讓鬼失去力氣的酒，並指點他們惡鬼巢穴的位置。六人來到惡鬼的宮殿前，藉口要借宿一晚。酒宴中，眾鬼喝下了老人給的酒，紛紛醉倒並現出原形。源賴光等武士們立刻手起刀落，將惡鬼全部殺光。

以上就是酒吞童子傳說的大略故事。其實人人害怕的惡鬼頭目酒吞童子，也不是生來就是惡鬼，年輕的時候其實是個如假包換的男人。那麼為什麼童子後來會變成鬼呢？

童子本是名相貌端正的和尚，他跟村長的女兒兩情相悅，卻不被眾人認同。最後，兩個人被所有人疏遠，逼得女孩投河自盡。身心俱疲的童子於是漫無目的地四處遊走，原本端正美麗的相貌，逐漸化成險惡的鬼面，全身上下也到處浮現五色斑塊。

童子最後流浪到大江山，還在這裡遇見一名長得跟愛人一模一樣的女孩。早已迷失本性的童子便把女孩帶走，躲進大江山裡。漸漸地人們便把他稱作酒吞童子，十分畏懼。

我們可以發現，這則故事跟《鬼滅之刃》有不少共通點。

惡鬼頭目酒吞童子就是無慘，而麾下的眾鬼就是十二鬼月，源賴光等六名武士則是鬼殺隊；大江山就是無限城，老人給的酒則是珠世給的藥……更重要的是，正如同酒吞童子是因戀情遇挫折而變成鬼，引人同情，《鬼滅之刃》同樣也有好幾名鬼有著悲慘的遭遇，令人不勝唏噓。

相傳酒吞童子遭斬首以後，首級大喊：「鬼神不橫道！（鬼神不像人類，不會做不正道的事）」酒吞童子的沉痛呼喊，就像在控訴人類單方面把鬼認定為「邪惡」之徒。

1 編按：目一鬼的模樣與鍛冶之神「天目一箇神」類似，有人便將目一鬼同樣奉為鐵匠之神。另外，目一鬼起源於日本出雲，該地古代盛行金屬加工；且鐵匠觀察火候時常單睜一隻眼，往往造成單眼失明的職業病，才會有鐵匠之神的聯想。

以大正時代為背景的漫畫、動畫

跟《鬼滅之刃》一樣以「大正時代」為主題的漫畫、動畫作品，其實並不算多。一來，大正年號始於一九一二年七月底，終於一九二六年十二月底，只有短短的十四年又五個月；二來許多作品都是在明治、大正、昭和三個年代的歷史長河中擷取一段，很難把某個特定「時代」獨立出來當作創作主題。另外，涵蓋明治維新、文明開化（歐美化）等歷史關鍵轉折點的「明治時代」，恐怕才是最富娛樂價值、最有利於作家、畫家發揮創造力的舞台。

不過，大正時代也有諸多被譽為「大正浪漫」、引人入勝的題材，從而孕育出不少描繪大正風格的作品。

參考真實大正時代的代表作：《窈窕淑女》

《窈窕淑女》（はいからさんが通る）是日本漫畫家大和和紀創作的少女戀愛漫畫（全八

冊，講談社出版，台灣由長鴻出版社出版）。這部作品從一九七五年開始在雜誌《週刊少女Friend》連載，直到一九七七年為止，是昭和時代的名作。每每問到「有哪個漫畫是以大正時代為舞台？」相信不少日本人首先想起這部作品。《窈窕淑女》多次被改編為動畫、戲劇與電影，甚至二〇二〇年寶塚歌劇團還把它搬上舞台，可說是超越時代、經久不衰的名作。

《窈窕淑女》的故事在很大程度上都按照大正時代的史實展開，例如大正民主運動、反政府主義等；作品的世界觀基本上也建立在當時百花齊放的各種思想和世局變化上。大正七年（一九一八年）日本出兵西伯利亞，大正十二年（一九二三年）關東大地震等，這些真實事件都對故事的發展有重大影響；而女性積極參與社會活動並多有斬獲，也都是作品中非常重要的主題。

日本思想家平塚雷鳥在雜誌《青鞜》[2]寫到：「原始女性是太陽，是真正的人；現在的女性卻成了月亮……[3]」這段文字是貫穿《窈窕淑女》整部作品的關鍵，使這部作品得以脫離尋常少女漫畫的窠臼，充滿魅力。

描繪大正晚期青春女學生的名作：《大正野球娘。》

《大正野球娘。》是一部輕小說（德間書店出版），二〇〇七年由神樂坂淳所作，之後又有動畫、漫畫等改編作品。不同媒介的風格各異，但故事基本上都是描述大正十四年（一九二五年）就讀高等女學校的數名主角打棒球的青春故事。二〇〇九年推出動畫版，帶有極濃厚的王道運動動畫色彩，畫風討喜可愛，還忠實反映了當時的習慣、文化以及服裝（引進水手服作為學校制服）。

這部作品的主題「大正時代的女子棒球」，相信不少人乍看之下或許會以為是個幻想設定，其實大正八年（一九一九年）日本就已經舉辦了第一屆女子棒球大會（高等女學校野球大會）。隨著軟式棒球愈發普及，女子棒球也迅速傳播至日本各地。可惜的是，那時的人擔心女子棒球的風潮恐將助長大正民主運動中的女性解放思想，使文部省於大正十四年（一九二五年）頒發訓令禁止女子棒球。從這個角度來看，只風行短短數年的女子棒球，恰好可以代表大正文化。作品雖然沒有描述女子棒球禁令等史實相關事件，卻反映了當時男尊女卑意識仍頑固的時代背景。有別於《窈窕淑女》，《大正野球娘。》從另一個角度切入大正時代，是一部比較罕為人知的名作。

描繪大正風格世界的代表作：《櫻花大戰》系列作

《櫻花大戰》是一九九六年九月二十七日由SEGA發售的電子遊戲，後來也陸續推出了動畫、漫畫、舞台劇等，是一部跨媒體大作。《櫻花大戰》是日本平成時代最具代表性的遊戲IP之一，二〇一九年十二月最新作品《新櫻花大戰》睽違十四年後再次上市，經久不衰的超高人氣可見一斑。

《櫻花大戰》的故事背景是虛構的「太正時代」，而非真正歷史上的大正時代，因此頂多只能算是大正「風格」的世界。故事中「帝國華擊團」（靈感來自寶塚少女歌劇團）眾多少女的奮鬥成長故事，都透著大正浪漫的氣息。其主題曲〈檄！帝國華擊團〉更是電玩迷、動漫迷無人不曉的名曲。

近年來還有些新作品，雖然難以歸類為大正「風格」世界，卻在某種程度上呈現了真實的歷史背景，讓人一窺大正時代的世界觀，例如《令人目眩的大正電影浪漫》（赤石路代，小學館）、《大正處女御伽話》（桐丘さな，集英社）、《大正電氣小子　不良少女與陰陽師》（杉山小弥花，秋田書店）、《大正古董浪漫譚》（小田原水映，宙出版）等。

二〇一九年開始連載的高橋留美子最新作品《MAO 摩緒》（小學館／尖端）則是連結大正時代與現代的奇異浪漫大作，廣受各界矚目。

如果各位因為《鬼滅之刃》而對大正時代感到好奇，推薦以上作品給大家，也希望有更多的人能夠沉浸在大正浪漫的時代魅力中。

〈全書完〉

2 譯注：雜誌《青鞜》為月刊型態的婦女雜誌，由青鞜社出版，從明治四十四年（一九一一年）九月至大正五年（一九一六年）年二月為止，總共發行五十二冊。

3 譯注：平塚雷鳥是日本有名的思想家、婦權運動家。她在《青鞜》創刊號撰寫的文章〈女性原是太陽〉是日本女權運動的重要象徵。完整段落為：「原始女性是太陽，是真正的人；現在的女性卻成了月亮，依靠別人來生存，依靠別人的光才能發出光輝，是有如病容一般蒼白的月亮。」

參考文獻

書籍

飯野亮一『天丼　かつ丼　牛丼　うな丼　親子丼　日本五大どんぶりの誕生』筑摩書房，2019
石川桂子『大正ロマン手帖ノスタルジック&モダンの世界』河出書房新社，2009
伊藤経一『大正・昭和初期の浅草芸能』文芸社，2002
梅原淳『ビジュアル日本の鉄道の歴史』ゆまに書房，2017
菅野聡美『消費される恋愛論　大正知識人と性』青弓社，2001
季語と歳時記の会（編）長谷川櫂（監修）『大人も読みたい　こども歳時記』小学館，2014
北村鮭彦『お江戸吉原ものしり帖』新潮社，2005
近現代史編纂会（編）『ビジュアル　大正クロニクル　懐かしくて，どこか新しい100年前の日本へ』世界文化社，2012
邦光史郎『鬼の伝説』集英社，1996
後藤寿一（監修）『こんな事態があったのか!?明治・大正　日本人の意外な常識』実業之日本社，2011
小松和彦『鬼と日本人』KADOKAWA，2018
小豆だるま『ビジュアルガイド　明治・大正・昭和のくらし2　大正のくらしと文化』汐文社，2007
坂本忠次（編）『津田白印と孤児救済事業』吉備人出版，2010

佐藤健二『浅草公園　凌雲閣十二階　失われた〈高さ〉の歴史社会学』弘文堂，2016
澤宮優、平野恵理子『イラストで見る　昭和の消えた仕事図鑑』原書房，2016
澁川祐子『日本定番メニュー事始め　身近な食べ物のルーツを探る。』彩流社，2013
島田裕己『教養としての日本宗教事件史』河出書房出版社，2009
週刊朝日（編）『値段の明治大正昭和風俗史』朝日新聞社，1981
高平鳴海、糸井賢一、大林憲司、エーアイスクウェア『鬼』新紀元社，1999
永井義男『図説　吉原入門』学習研究社，2008
難波知子『学校制服の文化史　日本近代における女子制度服装の変遷』創元社，2012
難波知子『近代日本学校制服図録』創元社，2012
平井晶子、床谷文雄、山田昌弘（編）比較家族史学会（監修）『家族研究の最前線2　出会いと結婚』日本経済評論社，2017
宮本常一『山に生きる人びと』河出書房新社，2011
森田昭二『盲人福祉の歴史　近代日本の先覚者たちの思想と源流』明石書房，2015
安丸良夫『神々の明治維新　神仏分離と廃仏棄釈』岩波新書，1979
湯本豪一『大正期怪異妖怪記事資料集成』国書刊行会，2014
『明治、大正　庶民生活史』日本図書センター，2014
「日本大百科全書」小学館
「改訂新版　世界大百科事典」平凡社

論文、文摘

安中進『娘の身売り』の要因と変遷」早稲田大学現代政治経済研究所，2016

岩原良晴「日本における食塩水皮下注入から静脈内持続点滴注入法の定着までの歩み」『日本医史學雜誌』第58巻第4号，一般社団法人日本医史学会，2012

上田貞次郎「人口より見た東北地方問題」東京朝日新聞，1935

大城亜水「日本における児童貧困問題の一起源：高田慎吾の所説から」『経済学雑誌』第118巻第1号，大阪市立大学経済学会，2017

申蓮花「日本の家父長的家制度について：脳層における『家』の諸関係を中心に」『地域政策研究』第8巻第4号，高崎経済大学地域制作学会，2006

繁田信一「平安貴族社会における医療と呪術—医療人類学的研究の成果を手がかりとして—」『宗教と社会』創刊号，「宗教と社会」学会，1995

関澤愛「過去の災害に学ぶ（第14回）1923（大正12）年関東大震災—火災被害の実態と特徴—」『広報ぼうさい』No.40，内閣府，2007

中村まり、山形辰史（編）「児童労働根絶に向けた多面的アプローチ：中間報告」アジア経済研究所，2011

西成田豊「近代日本における繊維工業女性労働者の募集方法について：女工と労務供給請負業」『人文、自然研究』6，一橋大学大学教育研究開発センター 2012

細井勇「石井十次及び岡山孤児院に関する先行研究のレビュー」『福岡県立大学人間社会学部紀要』第14巻第2号，福岡県立大学人間社会学部，2006

湯川博士「文学やアートにおける日本の文化史：江戸落語にみる障害者」『ノーマライゼーション：障碍者の福祉』2015年6月号，公益財団法人日本障害者リハビリテーション協会，2015

「地域の医療と介護を知るために―わかりやすい医療と介護の制度、制作―第3回　日本の医療制度の特徴は，その歴史から生まれた（その1）の明治時代における日本の医療制度と病院―」『厚生の指標』第63巻第11号，一般財団法人厚生労働統計協会，2016

「地域の医療と介護を知るために―わかりやすい医療と介護の制度、制作―第4回　日本の医療制度の特徴は，その歴史から生まれた（その2）日大正、昭和時代における公的医療保険制度の創設―」『厚生の指標』第63巻第12号，一般財団法人厚生労働統計協会，2016

「日本の障害者の歴史」『リハビリテーション研究』第54号，公益財団法人日本障害者リハビリテーション協会，1987

網站、新聞

朝日新聞デジタル https://www.asahi.com/

味の素株式会社 https://www.ajinomoto.co.jp/

一般財団法人全日本剣道連盟 https://www.kendo.or.jp/

一般社団法人全国燃料協会 https://www.zen-nen.or.jp/

エーザイ株式会社 https://www.eisai.co.jp/

京都国立博物館 https://www.kyohaku.go.jp/jp/

國學院大學 https://www.kokugakuin.ac.jp/
埼玉県庁 https://www.pref.saitama.lg.jp/
東建コーポレーション株式会社 https://www.token.co.jp/
刀剣博物館 https://www.touken.or.jp/museum/
刀剣ワールド https://www.touken-world.jp/
内閣府 https://www.cao.go.jp/
日本忍者協議会 https://ninja-official.com/
日本琵琶楽協会 https://nihonbiwagakukyokai.jimdofree.com/
日立金属株式会社 https://www.hitachi-metals.co.jp/
まごころ価格ドットコム https://magokorokakaku.com/
三重大学人文学部、人文社会科学研究所 https://www.human.mie-u.ac.jp/
森下仁丹株式会社 https://www.jintan.co.jp/
矢作ビル&ライフ株式会社 https://www.yahagibl.co.jp/
ライフルホームズ https://www.homes.co.jp/

中日、中英名詞對照表

《大正古董浪漫譚》『大正ロマンチカ』
《大正電氣小子　不良少女與陰陽師》『大正電氣バスターズ～不良少女と陰陽師』
《公事方御定書》『公事方御定書』
《心中萬年草》『心中万年草』
《令人目眩的大正電影浪漫》『めもくらむ　大正キネマ浪漫』
《自來也說話》『自來也説話』
《近代的戀愛觀》『近代の恋愛観』
《阿正的冒險》『正ちゃんの冒険』
《烈戰功記》『烈戦功記』
《高野山心中》『高野山心中』
《週刊少年 JUMP》『週刊少年ジャンプ』
《新幹線大爆破》『新幹線大爆破』
《滅》 Runaway Train
《煞不住》 Unstoppable
《萬川集海》『万川集海』
《慢吞吞老爸》『のんきな父さん』
《豪傑兒雷也》『豪傑児雷也』
《繪本太閤記》『絵本太閤記』
《鐵山祕書》『鉄山秘書』
乃木希典　乃木希典
二重回　二重回し
大正民主運動　大正デモクラシー
大正浪漫　大正ロマン
女衒　女衒
不死川玄彌　不死川玄弥
不死川實彌　不死川実弥
中原澄　中原すみ
手鬼　手鬼
日本農民組合　農民組合
水藤錦穰　水藤錦穣
火之神神樂　ヒノカミ神楽
火男　ひょっとこ
片身替　片身替
北里柴三郎　北里柴三郎
半天狗　半天狗
平井千葉　平井千葉
本阿彌妙本　本阿弥妙本

永田錦心　永田錦心
玉壺　玉壺
甘露寺蜜璃　甘露寺蜜璃
石川五右衛門　石川五右衛門
石井十次　石井十次
伊黑小芭內　伊黒小芭内
光意系本阿彌家　光意系本阿弥家
全國水平社　全国水平社
吉田竹子　吉田竹子
宇髓天元　宇髄天元
寺內清　寺内きよ
朱爾斯・勒奧塔德　Jules Leotard
西鄉隆盛　西郷隆盛
佐野川市松　佐野川市松
利希騰貝格圖形　Lichtenberg figure
妓夫太郎　妓夫太郎
我妻善逸　我妻善逸
投入寺　投げ込み寺
杉山和一　杉山和一
拉吉歐卷　ラジオ巻き
拔刀隊　抜刀隊
明石覺一　明石覚一
狛治　狛治
青色彼岸花　青い彼岸花
厚生勞動省　厚生労働省
後藤　後藤
柱　柱
紅披肩　赤ゲット
胡蝶忍　胡蝶しのぶ
范信達　Reginald Fessenden
飛加藤　飛加藤
座敷牢　座敷牢
時透無一郎　時透無一郎
栗花落香奈乎　栗花落カナヲ
桑島慈悟郎　桑島慈悟郎
珠世　珠世
祖馬　Dzhuma
神崎葵　神崎アオイ
馬修・培里　Matthew Perry
高田菜穗　高田なほ
鬼殺隊　鬼殺隊
鬼舞辻無慘　鬼舞辻無惨
御雇外國人　お雇い外国人
猗窩座　猗窩座
產屋敷輝利哉　産屋敷輝利哉
產屋敷耀哉　産屋敷耀哉

部落解放運動　部落解放運動
勝海舟　勝海舟
喬賽亞・康德　Josiah Conder
富岡義勇　冨岡義勇
富岡蔦子　冨岡蔦子
悲鳴嶼行冥　悲鳴嶼行冥
猩猩緋礦石　猩々緋鉱石
猩猩緋鐵砂　猩々緋砂鉄
童磨　童磨
圓車　円タク
愈史郎　愈史郎
新渡戶稻造　新渡戸稲造
煉獄杏壽郎　煉獄杏寿郎
煉獄槇壽郎　煉獄槇寿郎
猿飛佐助　猿飛佐助
萬世極樂教　万世極楽教
槙於　まきを
瑪格麗特　マガレイト
瑪麗娜・查普曼　Marina Chapman
鳴女　鳴女
嘴平伊之助　嘴平伊之助
墮姬　堕姫
慶藏　慶蔵
憎珀天　憎珀天
摩女　モガ
摩登女孩　モダンガール
蝶屋　蝶屋敷
踏鞴製鐵法　たたら製鉄
獪岳　獪岳
鋼鐵塚螢　鋼鐵塚蛍
錆兔　錆兎
鎹鴉　鎹鴉
鯉夏花魁　鯉夏
禰豆子　竈門禰豆子
羅伊・沙利文　Roy Sullivan
藤襲山　藤襲山
霧隱才藏　霧隠才蔵
韻律體操服　レオタード
竈門炭治郎　竈門炭治郎
鐵穴森鋼藏　鉄穴森鋼蔵
響凱　響凱
鱗瀧左近次　鱗滝左近次

作者

大正摩登同人會（大正はいから同人会）

由《鬼滅之刃》狂熱讀者組成的非官方組織。根據漫畫，動畫以及官方發表的諸多資訊，來檢視，考證故事的時代背景，宣揚故事舞台大正時代以及《鬼滅之刃》故事的迷人魅力。

譯者

王書銘

輔仁大學日文研究所肄業。譯有：《召喚師》，《魔法的十五堂課》，《圖解鍊金術》，《圖解近身武器》，《圖解太空船》，《圖解魔法知識》，《圖解克蘇魯神話》，《圖解吸血鬼》，《圖解陰陽師》，《圖解吸血鬼》，《圖解北歐神話》，《圖解天國與地獄》，《圖解火神與火精靈》，《圖解魔導書》，《中世紀歐洲武術大全》，《凱爾特神話事典》，《日本甲冑圖鑑》，《克蘇魯神話事典》，《幻想惡魔圖鑑》。

鬼滅之刃大正時代手冊：
以真實史料全方位解讀《鬼滅》筆下的歷史與文化

原著書名／鬼滅の刃をもっと楽しむための大正時代便覧
作　　者／大正摩登同人會（大正はいから同人会）
譯　　者／王書銘
責任編輯／何寧
版權行政暨數位業務專員／陳玉鈴
資深版權專員／許儀盈
行銷企劃／陳姿億
行銷業務經理／李振東
總 編 輯／王雪莉
發 行 人／何飛鵬
法律顧問／元禾法律事務所 王子文律師
出版／奇幻基地出版
城邦文化事業股份有限公司
台北市 104 民生東路二段 141 號 8 樓
電話：(02)25007008　傳真：(02)25027676
網址：www.ffoundation.com.tw
e-mail：ffoundation@cite.com.tw
發行／英屬蓋曼群島商家庭傳媒股份有限公司城邦分公司
台北市 104 民生東路二段 141 號 11 樓
書虫客服服務專線：(02)25007718・(02)25007719
24 小時傳真服務：(02)25170999・(02)25001991
服務時間：週一至週五 09:30-12:00・13:30-17:00
郵撥帳號：19863813　戶名：書虫股份有限公司
讀者服務信箱 E-mail：service@readingclub.com.tw
歡迎光臨城邦讀書花園　網址：www.cite.com.tw
香港發行所／城邦（香港）出版集團有限公司
香港灣仔駱克道 193 號東超商業中心 1 樓
電話：(852)25086231　傳真：(852)25789337
e-mail : hkcite@biznetvigator.com
馬新發行所／城邦（馬新）出版集團
【Cite(M)Sdn. Bhd】
41, Jalan Radin Anum, Bandar Baru Sri Petaling,
57000 Kuala Lumpur, Malaysia.
Tel: (603) 90578822　Fax:(603) 90576622
email:cite@cite.com.my

封面設計／萬勝安
排　　版／極翔企業有限公司
印　　刷／高典印刷有限公司
■ 2022 年（民 111）1 月 4 日初版一刷

售價／ 450 元

國家圖書館出版品預行編目資料

鬼滅之刃大正時代手冊：以真實史料全方位解讀<<鬼滅>>筆下的歷史與文化 / 大正摩登同人會著 ; 王書銘譯. -- 初版. -- 臺北市 : 奇幻基地出版, 城邦文化事業股份有限公司出版 : 英屬蓋曼群島商家庭傳媒股份有限公司城邦分公司發行, 民111.01
面；　公分
譯自：鬼滅の刃をもっと楽しむための大正時代便覧
ISBN 978-626-95339-9-2（精裝）
1.風俗 2.文化史 3.大正時代 4.日本
731.3　　110019329

KIMETSU NO YAIBA O MOTTO TANOSHIMU TAMENO TAISHO JIDAI BINRAN

Printed in Taiwan

ISBN　978-626-95339-9-2

廣　告　回　函
北區郵政管理登記證
台北廣字第000791號
郵資已付，免貼郵票

104台北市民生東路二段141號11樓

英屬蓋曼群島商家庭傳媒股份有限公司城邦分公司 收

請沿虛線對摺，謝謝

每個人都有一本奇幻文學的啓蒙書

奇幻基地粉絲團：http://www.facebook.com/ffoundation

書號：**1HR050C**　　　書名：鬼滅之刃大正時代手冊

請於此處用膠水黏貼

讀者回函卡

謝謝您購買我們出版的書籍！請費心填寫此回函卡，我們將不定期寄上城邦集團最新的出版訊息。

姓名：______________________ 性別：□男 □女

生日：西元________年________月________日

地址：______________________

聯絡電話：______________ 傳真：______________

E-mail ：______________________

學歷：□1.小學 □2.國中 □3.高中 □4.大專 □5.研究所以上

職業：□1.學生 □2.軍公教 □3.服務 □4.金融 □5.製造 □6.資訊

□7.傳播 □8.自由業 □9.農漁牧 □10.家管 □11.退休

□12.其他______________________

您從何種方式得知本書消息？

□1.書店 □2.網路 □3.報紙 □4.雜誌 □5.廣播 □6.電視

□7.親友推薦 □8.其他______________________

您通常以何種方式購書？

□1.書店 □2.網路 □3.傳真訂購 □4.郵局劃撥 □5.其他

您購買本書的原因是（單選）

□1.封面吸引人 □2.內容豐富 □3.價格合理

您喜歡以下哪一種類型的書籍？（可複選）

□1.科幻 □2.魔法奇幻 □3.恐怖 □4.偵探推理

□5.實用類型工具書籍

也可線上填寫回函卡喔！請掃QRcode：

當您同意填寫本回函卡時，您同意【奇幻基地出版】（城邦文化事業股份有限公司）及城邦媒體出版集團（包括英屬蓋曼群島商家庭傳媒股份有限公司城邦分公司、書虫股份有限公司、墨刻出版股份有限公司、城邦原創股份有限公司），於營運期間及地區內，為提供訂購、行銷、客戶管理或其他合於營業登記項目或章程所定業務需要之目的，以電郵、傳真、電話、簡訊或其他通知公告方式利用您所提供之資料（資料類別C001、C011 等各項類別相關資料）。利用對象亦可能包括相關服務的協力機構。如您有依個資法第三條或其他需要協助之處，得致電本公司(02) 2500-7718。

請於此處用膠水黏貼